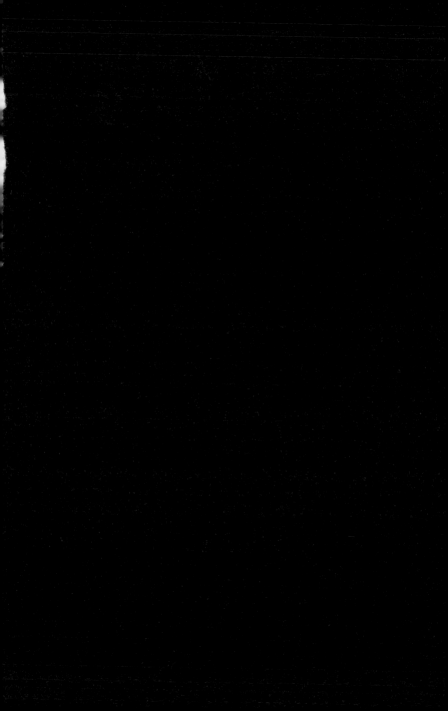

激戦の時代

実録

柔道対拳闘《BOXING》

投げるか、殴るか。

どちらが強かった? 知られざる異種格闘技史

池本淳一

松山大学・准教授

BAB JAPAN

はじめに

私にとってのグレイシー・ショック

小柄だが褐色のたくましい男がボクサーのパンチを潜り抜けてタックルを仕掛けると、あっと言う間に馬乗りになり、相手を一方的に殴り続けて試合終了。巨漢のレスラーにパンチを放ったかと思うと、いつのまにやら馬乗りで連打連打。キックボクサーも、空手家も、だれが来ても馬乗りボッコボコ……。

たしか和歌山拳術同好会の西好司先生から螳螂拳を学び始めて2、3年が過ぎた20歳前後の頃。外国の「何でもアリの大会」で「柔術家」が優勝したと聞き、期待に胸膨らませてブラウン管を見つめたあの日。テレビだったのかビデオだったのか。誰の、いつの試合だったのか。初めて見た「グレイシー柔術」の試合はもう20年以上も昔のことで、よく思い出せないのですけれども。その時に受けた「衝撃」は、今でもはっきりと覚えています。

これじゃない。見たかったのはこれじゃない。

見たかったのは、ジャブを軽々とキャッチし、小手返しでマットに叩き付けるシーン。

レスラー相手に、なんだかややこしそうな関節技でタップを奪うシーン。ハイキックをつかんで背負い投げするシーン。

そう、見たかったのは、古来より伝わる秘伝の技で、モダンな近代格闘家たちを翻弄する、まるでマンガのような展開。

しかしこの「バーリトゥード（何でもアリ）」の戦いで目にしたのは、まったく見知らぬテクニックでした。なぜ「伝統」的な技を使わないのだろうか？　もしこのスタイルが対人格闘の「正解」だとするなら、伝統武術とは何なのだろうか……？

今から思えばグレイシー柔術に「伝統」を感じられなかったのは、ブラジリアン柔術の技術と歴史への無理解からでした。さらにそのスタイルは、一対一の素手で、時間制限・ルール・リング・審判・観客あり……といった特定の諸条件下における戦いの「最適解」の一つなのでしょう。しかしそれが、武術が想定する多様なシチュエーション―突発的な戦闘や多対多の戦い、武器、ルール、立会人の有無など―においても正解となりえるかどうかは、また別問題です。

しかしそんな「後知恵」の無かった当時の筆者にとって、この「グレイシー・ショック」

は現代における伝統武術の価値と有用性を問いかける「難問」となりました。そして自分なりの「回答」を求めてボクシングや中国式散打を学び、京都での散打大会にも出場するようになりました。しかし試合に出始めて2、3年過ぎた頃、ある大会で自ら放った左ストレートの当たり所が悪くて左肩を脱臼、あっけなく引退となりました。

その後、社会学の研究のため中国に五年間滞在しましたが、その間に本場の伝統武術を学ぶことができました。帰国後は24式太極拳も学び始め、最近では健康や芸能・儀礼の面からも武術の研究と実践に努めています。

こうしていつのまにやら「難問」を忘れかけていたのですが、早稲田大学スポーツ科学学術院の助手時代、ふとしたきっかけで戦前の「柔道対拳闘試合」の広告を見つけました。その瞬間、一つの研究計画を思いつきました。

あの頃に比べれば、いくらか知恵も技術も—そして贅肉も—ついた今ならば、この百年前の異種格闘技戦の顛末《てんまつ》を探ることで、自分なりの「回答」を得られるのではないのだろうか？

本書は、そんな20年越しの難問に「完全決着」をつけるべく挑んだものです。

曰く、伝統武術がその技術を活かして近代格闘技と戦うには—技術的及びルール的、そして思想的に—どうすればいいのか？

それぞれの武術・格闘技の個性を保持したままの試合、すなわち「総合格闘技」に収斂《しゅうれん》しないスタイルでの異種格闘技戦は可能なのか？

そもそも異なった技術やルール、歴史や文化を持つ武術・格闘技同士が試合をすることは可能なのか？　そしてそれは、それぞれの武術・格闘技に何をもたらすのか？

本書では、これらのシンプルな難問に、先人たちの営みを振り返ることで答えようとしたものです。

それでは前口上はこのぐらいにして。日本人が本格的に西洋という「異文化」に遭遇した約１５０年前の黒船来航以降、我々の先人がいかにしてマーシャルアーツを理解し、それに挑み、そしてそれを吸収していったのか、見ていきましょう。

目次

目次

第一章

ペリー水兵対江戸力士

―異文化交流としての異種格闘技戦

開国以後、繰り広げられてきた「外国武術」との戦い

中国武術にカポエイラ、グレイシー柔術にシステマ……世界には多くの武術があるが、「最強」の武術はどれだろうか。もちろん、それぞれの武術・格闘技には独自の技術体系があり、またそれぞれが想定している「実戦」も千差万別—たとえば戦いは街中なのか農村なのか、武器はあるのかないのか—である。さらに実際の強さは個々の修行者の鍛錬に大きく依存しているために、簡単に「最強の武術」など決められるわけがない。しかしそれでも問わずにはいられない。あの武術とこの武術、どっちが強いんだろう……？

このもっとも素朴にしてもっとも難解な問いは、実は日本人が初めて、いわゆる「西欧」に触れた開国直後から抱き続けていたものであり、さらに開国後、実際に「外国武術」との戦いが繰り広げられてきたのであった。そしてこの荒々しいコミュニケーションを通じて、日本は徐々に「近代格闘技」を理解し、同時に日本武道の近代化に役立ててきたのである。

本書では、そんな知られざる異種格闘技戦の歴史を紐解いていこう。なお本文では読みやすさを考え、引用箇所の旧字体は新字体に改めた。また引用箇所では現在から見て差別的・

不適切な表現もあるものの、当時の社会的・歴史的背景などを考慮し、原文のまま引用している。

ペリー艦隊の水兵、江戸力士の怪力ぶりを目の当たりにする

それではまずは「開幕戦」として、ペリーの水兵と江戸力士たちの対戦から見ていこう。ペリーと言えば「黒船」で日本を開国させた人物であるが、彼が相撲取りと遭遇した経緯については、太田尚宏著『使節ペリーへの贈答品と相撲取』に詳しい。太田によれば、嘉永6年（1853年）、ペリーが浦賀に突然来航し、江戸の町は大騒ぎとなったという。

この幕府未曾有の危機に立ち上がったのが、江戸相撲の年寄りたちであった。彼らは奉行所に「これまで我々は幕府から相撲興行の許可をもらって生計を立てていたが、このご恩に報いるために、ぜひとも我々を役立ててほしい。もっとも力業以外はこれといって心得がないものですので、荷物運びなどで使ってほしい」と願い出た。ただし、この時の願い出は、結局、ペリーの初来日がごく短期間で終わったために叶えられることはなかった。しかし翌

年、ペリーが再来日したさいにも再び願い出たところ、今度は力士たちにペリーの威圧的な外交に対抗する、ある「極秘任務」が下されることとなった。

それではこの任務について、ペリー側の公式記録である『ペリー艦隊日本遠征記　下』（以下、『遠征記』）からその内容を見ていこう。

『遠征記』によれば横浜村にて日米和親条約を結んだ後、ペリー側と日本側がお互いに贈答品の交換を行ったのであるが、日本側の贈答品には工芸品などのほかに米二百俵が含まれていたという。その米俵の山は、はじめは海岸に山積みにされており、それだけでもペリーたちを驚かしたのであるが、しばらくすると「**巨像のように海岸を踏みつけながら歩いてくる巨漢の一団**」（２００頁）が米俵の山に近づいてきた。実は彼らは江戸からやってきた25名ほどの力士たちであったのだが、彼らは米俵の山に近づくと、次々と米俵を持ちあげ、ペリーの船に積み込んでいったのであった。

『遠征記』ではその様子を「**俵一俵は一二五ポンド（約五六キログラム）を下らぬ重さがあったが、一度に二俵運ぶことのできない力士は二人しかいなかった。（中略）一俵を歯でぶらさげて運んだり、一俵を腕に抱えたまま何度もとんぼ返りをする者もいて、そんなことをやすやすとやってのける力士を見ていると、重い肉塊はカゲロウで、荷物は羽毛のよう**」（２０１

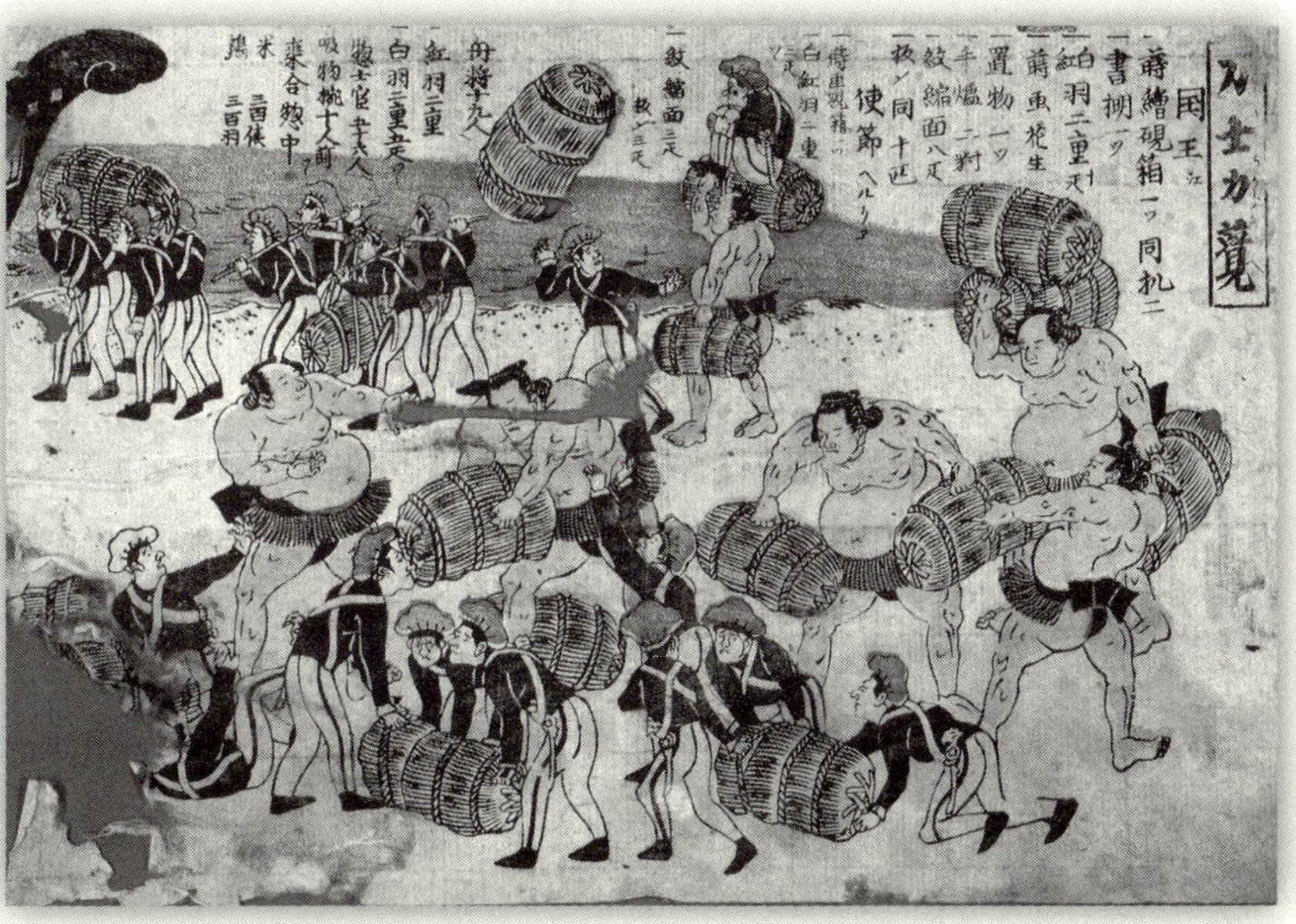

図1：力士力較〔瓦版〕　横浜開港資料館所蔵

頁）であったと記している。

なお図1はその様子を描いた錦絵である。この錦絵を見ると、ペリーの水兵たちは三人がかりでも一俵すら持ち上げられないようである。一方、力士たちは米俵をお手玉のように放り投げたり、一人で三俵も持ち上げたり、さらに真ん中の奥で歩いている力士にいたっては、なんと米俵の上にペリーの水兵を三角座りさせたまま担いでさえいる。

ペリーらに相撲の取組を観戦させた日本側、不発に終わる

この米俵を担いだ怪力ショーの後、続いて余興として相撲の取組が披露された。図2はこの相撲観戦の様子を描いた錦絵である。この錦絵では、中央で取り組む屈強な力士たちを囲んで、ある者は満面の笑みで喜び、あるものはその迫力に大口をあけて驚いている様子が描かれている。

これらの錦絵を書いた絵師が、幕府の「極秘任務」であるこれらの怪力デモンストレーションを見学できたとは考えにくい。それゆえこの錦絵は、この痛快な怪力エピソードを伝え聞

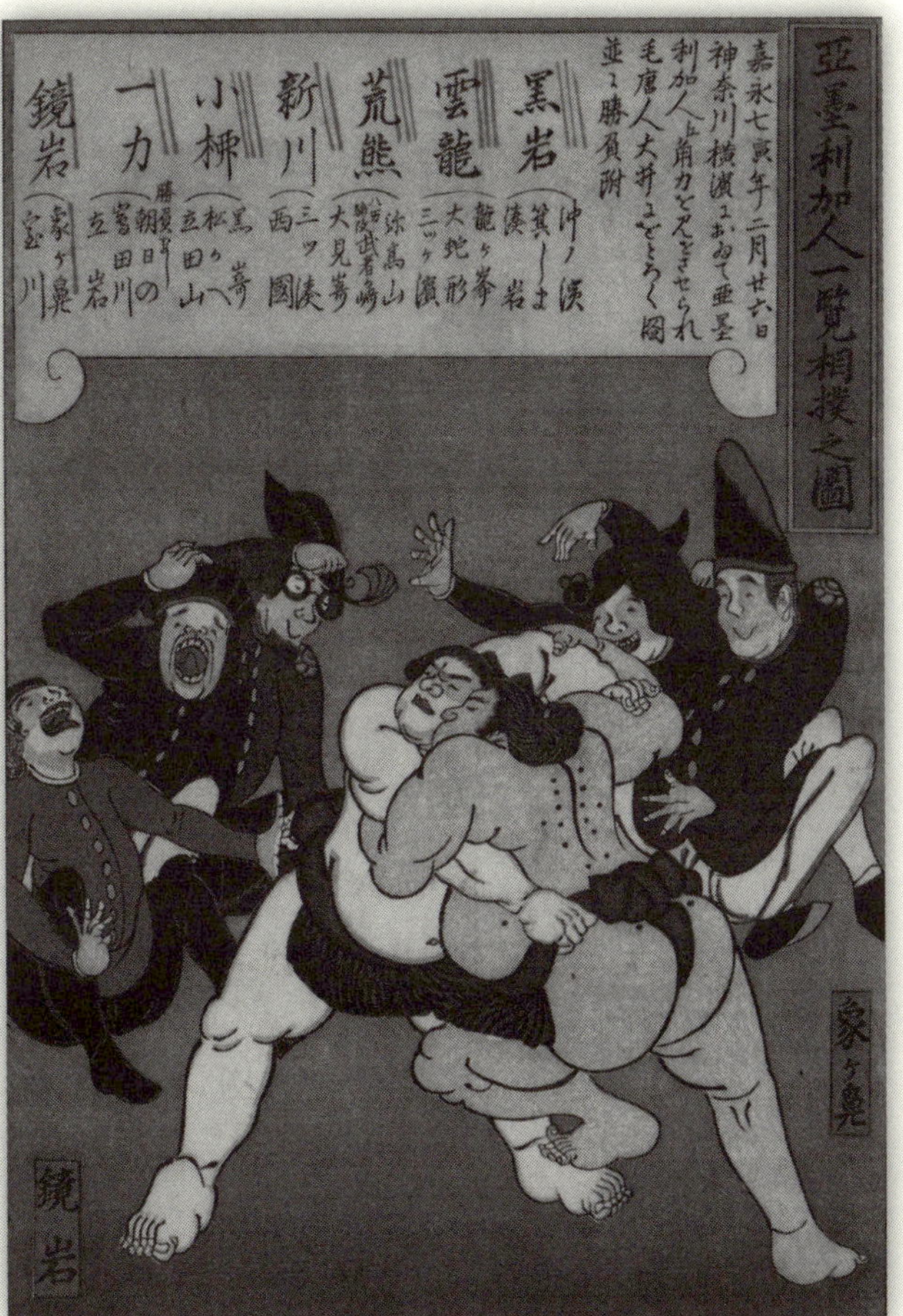

図2:「亜墨利加人一覧相撲之図」　横浜市中央図書館所蔵

いた絵師が想像して書いたものであろう。それゆえ後述する他の錦絵と同様、これらの錦絵はたぶんに日本側の「アメリカ人もさぞかし相撲取りの力と技に恐れおののいたであろう」という「願望」を反映させたものかと思われる。

実際、『遠征記』を見る限り、ペリーたちは力士の身体や怪力には度肝を抜かれたようである。たとえば『遠征記』では力士を「**栄養過多の怪物**」（202頁）と呼び、取組を「**偉大な筋肉は巨大なヘラクレスの彫像のごとく隆々と盛り上がり、顔面は充血してふくれあがり、赤くなった皮膚を破っていまにも血が噴き出さんばかりの格闘**」（203頁）と描いており、ペリーたちが力士たちの肉体に対して驚愕していたことがわかる。

一方、この怪力ショーの後に力士たちが披露した相撲に対しては、驚くというよりも呆れる、といった感想を持ったようである。たとえば『遠征記』では、力士たちが頭からのいわゆる「ぶちかまし」によって「**ついに二人の額は血まみれになり、胸は繰り返される打撃で腫《は》れ物のようにふくれあがった。このような胸のむかつく見世物が延々と続き、二五人の全力士が次々に対戦しては、怪力と野蛮な技能を発揮しあった**」（203頁）と、その残酷さや野蛮さが強調されている。

さらにこの『遠征記』を書く上で原資料として使用されたペリー自身の日記『ペリー提督

日本遠征日記』（以下『日記』）には、この取組の様子についてより率直な感想が記されている。

一種の先触れを務める人物が合図を出すと、名前を呼ばれた二人の力士がリングに入り、威嚇《いかく》するようににらみ合いを始める。これはどう見ても芝居がかっていた。それから、素足で柔らかい地面を踏みつけ、前かがみになると、土をひとつかみすくい取って脇《わき》の下にこすりつける。また、両の手のひらにもすり込んでいるようだった。

雄牛が攻撃前に前足で土をかくのを真似《まね》ているのか、それともほかになにか目的があるのか私にはわからないが、ひどくばかげていると思った（205頁）。

また力士たちの鬼気迫る「ぶちかまし」のやり取りも、ペリーにはなかば「演技」や「八百長」に見えたようである。

試合では、決まってどちらか一方だけがたけだけしく怒りの形相を見せ、声をかぎりに吠《ほ》えたり叫んだりする。その声は喧嘩《けんか》をしている犬のようだ。察するに、叫んでいるほうが攻撃側ということらしい。というのは、叫んでいないほうは、怒り狂う敵の攻撃

から身を守ることしか考えていないようだったからである。これは士官全員が気づいたことであるが、どの試合でも大声をあげている力士のほうが負けていた（２０６頁）。

このようにペリーは相撲に野蛮さや、さらに言えば真剣勝負のスポーツに有るまじき芝居がかった過剰な演出を見ていた。一方、この相撲の取組の後、ペリーたちは自分たちが持ってきた電信機や小型の蒸気機関車のデモンストレーションを日本側に披露している。なおこの「科学ショー」に関しては、前掲した『遠征記』では「**粗暴な獣のような力を誇示する代わりに、それは啓蒙《けいもう》の不十分な国民に対して、科学と進取の精神の成果を意気揚々と示すものだった**」（２０３〜２０４頁）と、自分たちの文明度の高さを誇りつつ、なかば日本側を小馬鹿にしているペリーの様子が描かれている。

ペリーは後に「砲艦外交」と呼ばれるように、幕府側に黒船や機械製品などの圧倒的な軍事力・科学力を誇示することで、開国交渉を有利にすすめていった。一方、幕府側はそれならばと米俵運搬や相撲の取組など、力士たちの圧倒的な肉体と力業を見せつけることで、ペリーを威圧し返そうとした。

しかしペリー側の記録を見る限り、この幕府側の試みは結局のところ、ペリーに日本の「野蛮さ」「野暮さ」を認識させ、日本に「文明」を伝えるという自らの「啓蒙」的な役割をさらに確信させるだけに終わったようである。

砲艦外交に対して一矢報いた江戸力士

以上がペリー側が伝える力士と相撲に関する記述のすべてであるが、一方で江戸幕府の公式記録である『温恭院殿御實紀』（『國史大系　第五十巻　續徳川實紀　第三篇』収録、以下『實紀』）には、この相撲取組の後、ペリー側の水兵たちが力士に挑戦して敗れたというエピソードが記されている。『實紀』には、ペリー側がこの怪力ショーと相撲取組に参加していた力士の中でも、その巨漢と実力でもっとも秀でていた力士の一人・大関の小柳常吉に対して、相撲での対戦を申し込んだとある。そしてこの申し出が許可され、ペリー側から「**大力大兵之者三人**」（140頁）が小柳に挑むこととなったという。

彼らがどのような取組を行ったのかは、残念ながら『實紀』には記されていない。しかしこの『實紀』には、小柳はそのうち一人を脇へ抱え、一人を押し伏せ、一人を頭上に抱えて倒してしまったと記されており、圧倒的な実力でアメリカ水兵を組み伏せたことがわかる。

さらに『實紀』によれば、この様子を見てペリーたちは「**手を打て感じ**」（140頁）――おそらく拍手のことであろう――、通訳の日本人を通じて「どのようにすればこんな大力無双の者になれるのだろうか」と尋ねたところ、小柳は「日本の上米を食し、上酒を呑んでいるからだ」と答えたという。いやはや、なんとも勇ましい話である。

なお戦前昭和の雑誌『黒船』に掲載された記事を抜粋・編集した『黒船談叢』（1947年発行）という編著作の中には、伊藤松雄による「安政の日米競技」と題する短いエッセイが収録されている。このエッセイによれば、ボクサーの「**キヤノン**」（86頁）とレスラーの「**ウヰリアムス**」（86頁）という水兵が、それぞれ小柳ともう一人の巨漢力士・白眞弓に挑んだものの、あっけなく敗れてしまったという。さらに一対一ではかなわないと見た彼らは、今度はレスラーの「**ブライアン**」（86頁）を加えた三名で一斉に小柳に挑んでいった。しかしさすがは名力士の小柳、一瞬にしてキャノンを脚下に、ブライアンを小脇に抱え、ウィリアムスの腰帯をつかんでつるし上げてしまったという。

もしこのエッセイの記述が事実ならば、日本で最初に「異種格闘技戦」を行ったのは大関の小柳常吉であり、その相手はボクシングとレスリングという、西洋を代表する格闘技であった、ということになる。しかしこの伊藤のエッセイ、幕府側の史料を参考にしたと明記しているものの、具体的な出典は記されていない。

また筆者もかなり史料を探してみたものの、公式記録や当時記された史料の中からは、これら小柳の対戦者と彼らの格闘技について記したものはいまだに発見できずにいる。さらに国会図書館HPの『レファレンス共同データベース』には神奈川県立図書館が行ったこの対戦相手に関する資料調査の結果も掲載されているが、ここでもペリー側の氏名や経歴が掲載された資料は発見できなかったとある。

それゆえこの伊藤の描いた対戦が本当に日本初の異種格闘技戦だったか否かは要検討、としておきたい。しかしなんにせよ、開国前後の一方的な砲艦外交に対して、我らのお相撲さんが一矢報いたというのはなんとも痛快な話ではなかろうか。

また相撲研究家の小島貞二著『力道山以前の力道山たち：日本プロレス秘話』によれば、開港後の横浜では外国人の船乗りたちが相撲取りに挑戦し、投げ飛ばされる様子を書いた錦絵が出回っていたという。たとえば図3『横浜角力の誉』は、身の丈八尺（2メートル4センチ）もあるフランス・カライス──おそらく港町として有名なフランスのカレーのことであろう──出身の「**ヘルシヤナ**」という、世界を角力して巡っているという外国人が「**日本の力士**」に投げ飛ばされている様子を描いた錦絵である。

図3:「横浜角力の誉」　横浜市中央図書館所蔵

図4:「横浜誉勝負附」　横浜市中央図書館所蔵

同様に図4『横浜誉勝負附』では、身の丈八尺あまりで千斤の鼎《かなえ》を持ち挙げる「**メキシロ島**」（メキシコ？）出身の「**アフリカアット**」という異人が日本の力士に投げ飛ばされ、その様子を見て大げさに驚いている外国人の姿が描かれている。

この錦絵を見た当時の日本人は、開港以来、次々と無茶な要求を突き付けてくる憎い外国人たちを、我らがお相撲さんがブン投げるさまを見て、さぞや溜飲を下げたことであろう。

しかし残念ながら、小島によれば、この錦絵に書かれた勝負の信憑性はかなり低いと言わざるをえないという。小島は、これらの錦絵の中に外国人の国籍や出身地、名前、経歴などが詳しく書かれているにも関わらず、外国人を投げた「栄誉ある」日本人力士の方は名前すら書かれていない点を指摘し、この錦絵の「制作過程」を次のように推測している。

当時、横浜で相撲巡業が行われていたが、それを見た「腕自慢」の船乗りたちが力士に興味本位で試合を挑み、また力士側も負けても恥にならない若手力士が「国際親善」の名目で相手になった、といった「お遊び半分」の対決や試合が行われたであろうこと、そしてそれを見聞きした錦絵の版元が大げさに誇張して「痛快な」錦絵が売り出されたのであろう、と。

この推測が正しいとすれば、この錦絵の異種格闘技戦は「幻の一戦」だった、ということになる。さらに言えば、ペリー水兵と力士との試合も、ペリー側の公式記録には一切の記述がなく、また幕府側の資料でもごく簡単に触れられているだけであった点を考えると、これも錦絵の一戦同様、ペリー側の「はねっかえり」水兵が興味本位で行った腕試し程度のことであったのかもしれない。もっとも、こっぴどく負けたペリーたちが恥入り、記録から削除した、というのが真相なのかもしれないが……。

なんにせよ、日本の異種格闘技戦は、力士たちの奮闘から始まったのは確かなようである。そして小島によれば、横浜開港後も、しばしば力士たちが「日本代表」として欧米人格闘家たちと熱戦を繰り広げ、見事勝利をおさめることで、開国間際の武道大国・日本のメンツを守り抜いたエピソードが伝わっているという。その点で、やはりお相撲さんたちは護国の戦士なのであった。

しかしながら、それらの西洋人格闘家と力士との対戦は、すべて単発の「スペシャルマッチ」であり、それらが人気を得て、異種格闘技の定期的な興行として発展していくことはなかった。その意味では、これらの日本相撲とマーシャルアーツの対戦は、胸躍る開国ロマンの一エピソードではあるけれども、日本武道の変容や、日本における格闘技の受容と発展に対して与えた影響はごくわずかであった、といわざるを得ない。

一方、当時の日本ではある「新興武道」が、日本武道なにするものぞと襲い掛かる西洋人格闘家を迎え撃ち、さらにはそれらの対戦を積み重ねることで、後に日本初の異種格闘技戦興行を生み出していくこととなる。

それでは次章以降、これらの試合や興行の成立、発展、衰退の過程を追っていくことで、「最強の武術は何か？」をもっとも率直かつあからさまに問う「異種格闘技戦」という競技が、戦前日本の武道と格闘技の発展に与えた影響を見ていこう。

第二章
流浪のボクサーからの挑戦状
――ビジネスから見た柔拳試合

定期的な興行として確立されるまでのスペシャル・マッチとしての異種格闘技戦

第一章では開国直後の相撲対マーシャルアーツの「幻の一戦」をご紹介したが、開国後の横浜では西洋人格闘家、特にボクサーが日本人力士に「挑戦状」を叩き付ける事例がしばしば見られた。たとえば前掲の小島貞二著『力道山以前の力道山たち』や、力士の鞆ノ平《とものひら》武右衛門《たけえもん》の故郷の郷土誌である『沼隈郡誌』によれば、明治11年（1878年）、明治天皇が観覧する天覧試合で鞆ノ平と某西洋人ボクサーの対戦が相撲ルールで行われ、鞆ノ平が見事勝利したという。

しかし力士対ボクサーの対戦はみな一回限りのスペシャル・マッチとして行われ、それが新たな異種格闘技の興行となることはなかった。なぜならば後に「国技」を自称する相撲側にとって、西洋人ボクサーとの異種格闘技戦とは日本の看板を背負って西洋人と戦う「代理戦争」であり、勝って当然、負ければ切腹モノの大一番であった。そんなハイリスク・ローリターンな試合を興行の一部として取り入れるなど、相撲側にとってはまったく勘弁願いたいことだったのである。またボクサーたちが中心となって新たな興行を立ち上げようにも、各相撲部屋にがっちり取り込まれていた力士たちをスカウトすることは実際には不可能であった。

一方、もう一つの日本武道の代表であった柔道の方はむしろ積極的に西洋格闘技との対戦を試みていった。そのような異種格闘技戦としては、海外では「コンデコマ」こと前田光世らの試合が、日本では大正10年（1921年）に行われた柔道家とアメリカ人レスラー、アド・サンテルとの公開試合がよく知られている。だがこれらの試合も現地の格闘技興行への飛入りや短期間の巡業として行われたものであった。

さらに丸島隆雄著『講道館柔道対プロレス初対決：大正十年・サンテル事件』によれば、このアド・サンテル戦を最後に、講道館側は他の格闘技との公開試合を禁止し始めたという。それゆえ、以後、講道館が異種格闘技戦に乗り出す、ということもなくなってしまった。

しかし講道館系の柔道家とは別に、果敢にボクサーに挑み、終《つい》には柔道対拳闘（ボクシング）の異種格闘技戦を定期的な興行として確立させていった在野の武術家たちがいた。本書ではこの通称「柔拳試合」とそれを興行化した「柔拳興行」の成立・発展・衰退の過程を追っていくことで、戦前日本に花開いたこの異種格闘技興行が、なぜ、どのようにして、なんのために行われ、そしてそれが日本武道とマーシャルアーツの発展にどのような影響を与えたのかを考えてみたい。

西洋人ボクサー、J・スラヴィン、日本人武術家との「立合」を公言

さてこの第二章では、そもそも異種格闘技戦という、異なった競技・武道同士を戦わせることがいかに困難であったのかを確認するために、明治も中頃を過ぎた1902年1月、横浜にふらりと現れたある西洋人ボクサーが巻き起こした「ドタバタ騒ぎ」を見ていこう。

『読売新聞』や『時事新報』などの当時の新聞によれば、このボクサーの名前はJ・スラヴィン、当時37歳、身長約184センチ、体重72・57キロのオーストラリア出身のミドル級ボクサーであるという。彼は1896年に英国を出発し、アフリカの喜望峰及びトランスヴァール地方（現在の南アフリカ共和国北部地域）、アメリカ、インドシナ、中国を渡り歩き、各地でボクシングマッチを開催したり、ボクシングを教えていたという。そして香港に向かう途中に立ち寄った神戸で二回、ボクシング興行を行った後、1901年末に横浜にやってきた。さらに1902年1月6日付の『時事新報』の記事によれば、この「世界的」な拳闘の

達人スラヴィン氏が日本に立ち寄ったのは、「**兼**《かね》**て聞き及びたる日本特有の柔術家及び剣術家と立会**《たちあい》**を試み**」、そして「**拳闘術指南希望の者あらば永く滞留して道場を開かん**」ためだという。

こうして日本人武術家との「立合」を公言していたスラヴィンであるが、年明け早々の1902年1月4日には、さっそく横浜外国人居留地にあったパブリックホール、通称「横浜ゲーテ座」で仲間のボクサーや世界一の怪力男を名乗るアメリカ人のウィリアム・ルシファーらとボクシングマッチを開催し、人気を博している（図1〜4。以降、新聞・雑誌から引用した図・写真の出典は（新聞名／雑誌名、年月日）と記載）。なお、この初興行では来賓として日本人の撃剣家や柔術家が招待されていたものの、彼らは型の演武を披露しただけであり、スラヴィンとの「立合」は行わなかった。

さらに『東京朝日新聞』『時事新報』『毎日新聞』等の各紙の報道によれば、その後もこのパブリックホールを拠点に1月9日、20日、24日、30日に試合を行っているものの、これまた日本人武術家と「立合」を行ったという記載はない。その後、スラヴィンはもっぱらボクシング教室での在日外国人相手のコーチに専念しており、3月27日には彼の「弟子」たちによる拳闘大会がパブリックホールで開かれている。

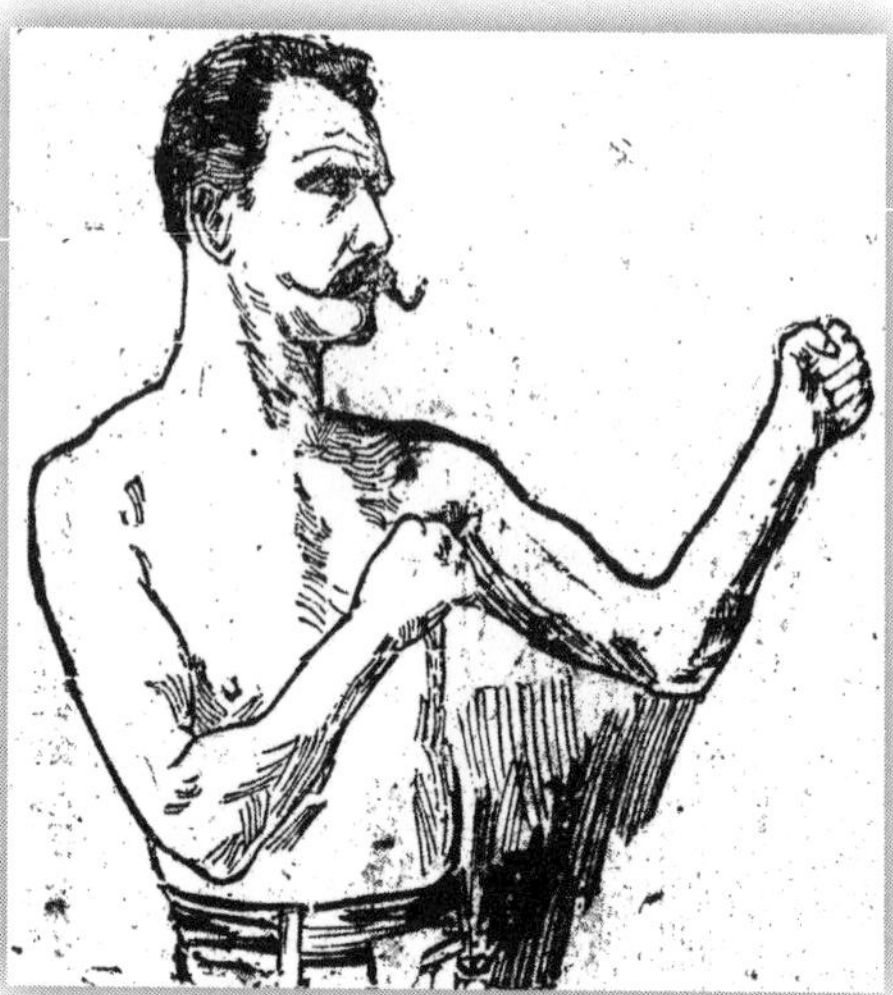

図１：スラヴィンのイラスト（上：時事新報1902.1.4　下：同1902.1.6）

これらの新聞報道を見る限り、スラヴィンは興行に教室にと精力的な活動を行っているものの、日本人武術家と「立合」は行わなかったようである。それゆえ彼の「立合」云々は興行を盛り上げるための宣伝文句だったのであり、この不敵な挑戦も彼が自主興行を主催している間は聞き流されていたのであろう。しかし彼が1902年3月7日に慶應義塾でボクシングのデモンストレーション・マッチと講演を行った際には、この発言をめぐってひと悶着が生じていた。

1902年3月1日付の『読売新聞』に、この慶應義塾での講演に先駆けて「**拳闘家スラヴィン邦人に試合を望む**」と題する記事が掲載されたが、記事によればスラヴィンは「**慶應義塾に向《むか》つて日本人にて試合を望まんとの者あらば之に応ずべき旨を申入れ**」たという。すると当時、慶應義塾の柔道教師であった講道館四天王の一人・山下義韶《よしつぐ》氏が「**何時《なんどき》にても慶應義塾に於《おい》て晴《はれ》の勝負を行はん**」とその挑戦に応えた。しかし当のスラヴィンは「**足部に故障あり**」と試合期日に関しては回答を避けたという。

異種格闘技戦でのルール作りの難しさ
「拳闘対柔道」綿密な協議の果てに…

こうして柔道家たちからの思わぬ挑戦を受けたスラヴィンであるが、結果的に言えば、慶應義塾での講演の際には、柔道家たちと試合をすることはなかった。しかしその舞台裏では「達人スラヴィン」を何とか異種格闘技戦の場に引っ張り出そうという、柔道側の粘り強い交渉が行われていた。

たとえば1902年3月8日付の『時事新報』の記事によれば、「**時事新報社員某氏**」は「**慶應義塾柔道家の依頼を受け**」、慶應義塾での講演に先立つ2月26日に横浜のスラヴィン氏を訪ねて「**柔術は其逆手**《そのぎゃくて》**と当身を封ず可**《べ》**ければ試合を為しては如何**《いかん》」と問うたという。するとスラヴィンは上半身であればどんな「当身」も恐れるに足りない、そもそも「拳法」とはつまるところ「当身」のことに他ならないのであり、それゆえ「**如何に研究を積みたる技術なりとて拳闘家の当身に及ぶべくもなし**」と、少しの懸念も見せずに答えたという。

しかし一方で、記者はスラヴィンは柔道家の「足取り」を非常に恐れていたと記している。この「足取り」が何の技を指すのかは不明であるが、おそらく双手刈りや朽木倒しなどのタックル系の技術か、あるいは足がらみなどの足関節であろう。

　この記事を見る限り、スラヴィンは柔術・柔道の技法についてかなり詳しく、さらに打撃に関してはボクシングに一日《いちじつ》の長《ちょう》があるが、下半身へのタックルや関節技には不利なことも十分に理解していたようである。加えてスラヴィンは、**「日本の柔術は西洋の格闘術と酷似すれどもレッスラー（格闘家）にあらざれば決勝の点に就《つい》て種々困難ある可し」**とも記者に語っており、拳闘対柔道の試合は「決勝」、すなわち勝敗をつけること自体が難しいことも承知していたようである。

　このようにスラヴィンが十分に柔道を「研究済み」だったことを考えると、彼の「立

図2：スラヴィン対ルシファー戦を報じた記事に描かれたイラスト（時事新報1902.2.1）

図3：スラヴィン対ルシファー戦の実際に戦っている場面をイラストで再現（時事新報1902.2.1）

合」云々は宣伝文句であったとしても、まったくの「ハッタリ」だったとも思えない。むしろ、柔道との対戦が苦戦、あるいは試合自体が成立困難なことを見越して、慎重に対処しようとしていたと見るべきであろう。

事実、慶應義塾での講演当日の対戦は実現しなかったものの、1902年3月8日付の『時事新報』の記事によれば、講演後に慶應義塾の柔道家たちと綿密な協議が行われ、対戦のルールが合意されたという。なお以下は記事をもとに、筆者がそのルールをまとめたものである。

1. スラヴィンは6オンスグローブを着用しボクシングルールで戦う。
2. 柔道側は手で足を掬うこと、腕をねじること、下半身を突き・蹴ることを禁じる。
3. 勝敗はスラヴィンは投げ倒されると敗け、柔道側は10カウントダウンで敗けとする。

このルールは柔道側の禁止事項が多く、特にスラヴィンがもっとも恐れていた「足を掬うこと」が禁止されている点から、スラヴィンに有利であったと言えるだろう。

さらに交渉の過程を見ると、スラヴィンが巧みな交渉術により、自分に有利なルールを作ろうと腐心していた様子がうかがえる。たとえばこの記事によれば、はじめ柔道側は腕関節、足取り、下半身への突きを禁じられれば、「**殆ど自家得意の術を施すべき所なく非常に不便なる**」と不満を漏らし、この禁止事項に応じるかわりにスラヴィンには「**練習着**」の着用を要求していたという。この要求はスラヴィンは慶應義塾での講演ではシャツに半股引《はんももひき》—おそらくトランクスかボクサーパンツであろう—という軽装で試合を行っていたが、それを見た柔道側が袖も襟もないシャツでは投技が困難であることを見抜いたためであろう。

しかしスラヴィンはこの要求に対して、こちらはグローブをはめて指がまったく使えない上に、着慣れないものを着ていては「**益々運動を妨げられるの憂ありとて固く謝絶し**」たという。おそらくスラヴィンもジャケット着用の不利を理解していたのであろう。しかしスラヴィンもさすがに自分に有利過ぎると考えたのか、あるいは柔道家たちが粘り強く交渉した結果なのか、最終的には柔道家が組み付けるように、帯を締めて戦うことには同意している。

しかしさすが交渉上手のスラヴィン、この「帯」着用を認めるかわりに、その対策として今度は次のような案を持ち出してきた。いわく、ボクシングでは通常、クリンチやホールディングといった密着状態になると審判が両者を引き離すためにパンチを打つことができない。しかし柔道家は帯を持つことで接近戦でも技をかけられるのだから、ボクサーである私には密着状態でのパンチを解禁すべきだ、と。結果、スラヴィンはまんまとこのクロスレンジでのパンチを認めさせることで、見事、帯着用の不利を相殺することに成功したのであった。

異種格闘技とは言うまでもなく、普段は全く違うルールのもとで試合を行っている者同士の対戦である。それゆえどのようなルールで対戦するのかは、自身の技術を有効に使えるかどうかを決定づけ、勝敗を分ける要素となり得る。選手からすれば、少しでも自分に有利な条件で戦いたい、と考えるのは当然のことであり、それゆえこのルール作りは試合以上に困難で、またしばしば紛糾するものとなる。

“プロフェッショナル”なスラヴィン ビジネス戦略でもってトンズラをかます？

さてこのように試合前の「前哨戦」とも言うべき「ルール作り」を制したスラヴィンであるが、前述の3月8日付の記事によれば、ビジネス的な交渉も有利に進め、彼には試合の諸経費と勝者への賞金を差し引いた、入場料収入の全額が支払われることとなった。こうしてこの試合はスラヴィンにとって自らが有利なルールのもと、かなりの収入が見込まれる「おいしい」興行となり、会場も歌舞伎座を使用する方向で進んだ。しかしスラヴィンはルシファーとの試合で左足の踵を痛め、全治三週間の怪我を負っていたために、具体的な試合日時についてはスラヴィンからの「**申出**」を待つこととなったという。

しかし待てど暮せど、スラヴィンからの「申出」は来なかった。なお慶應義塾での講演から20日後の3月27日には、スラヴィンは前述した「弟子」との拳闘大会で弟子の一人と対戦している。さらに升本匡彦著『横浜ゲーテ座：明治・大正の西洋劇場』に掲載されたゲーテ座の興行記録によれば、4月3日にスラヴィンはゲーテ座にて「**ジャック・スラーヴィンその他のショウ**」（210頁）と題する演目を行っており、この頃にはすっかり踵の怪我も癒えていたことが確認できる。しかしその後も彼から連絡はなく、当時の新聞にもその後の彼の消息を伝える記事は掲載されていない。

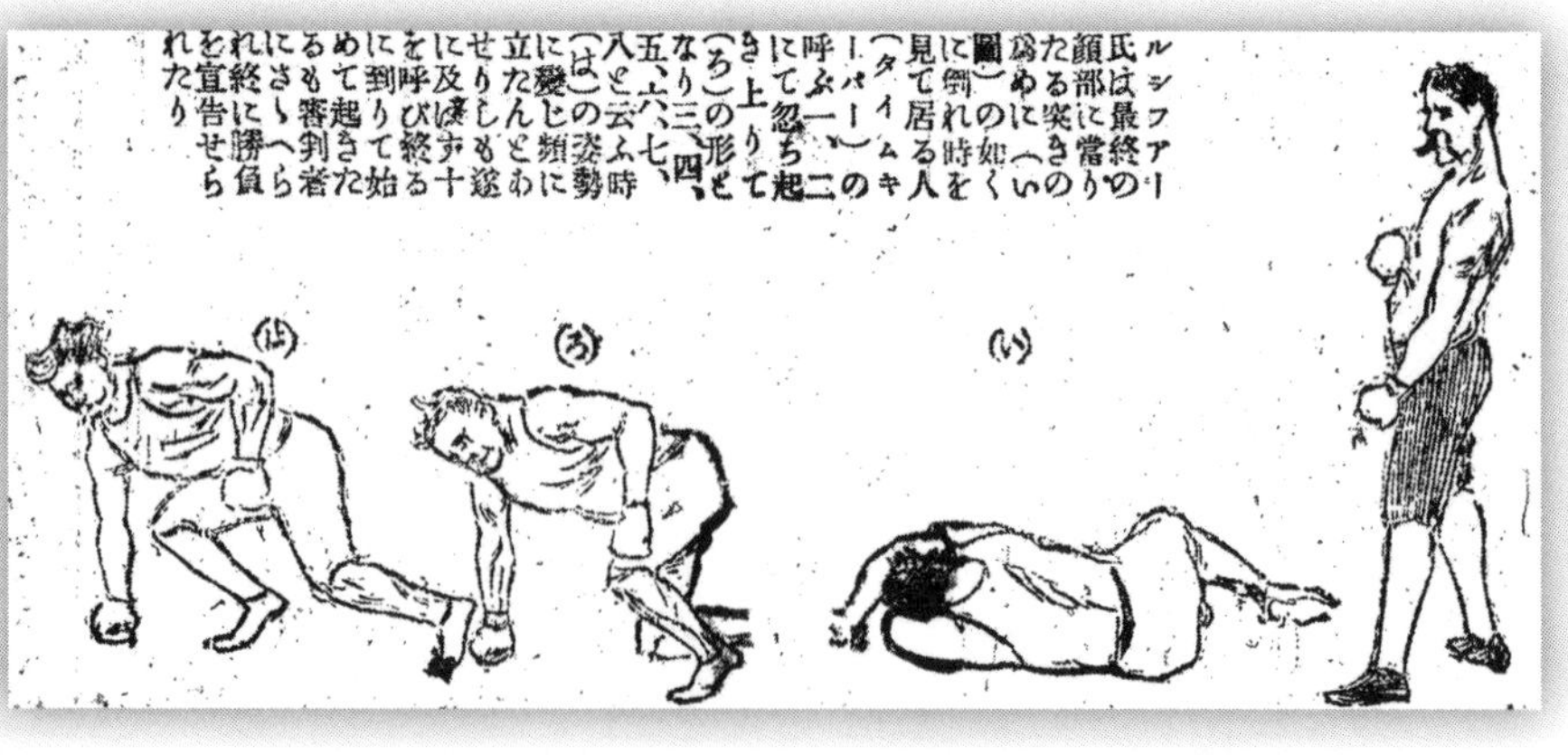

図4：スラヴィン対ルシファー戦のハイライトシーン。スラヴィンの突きを顔部に当てられ倒れたルシファーが立ち上がろうとしている場面（時事新報1902.2.1）

こうして揉めに揉めたボクシングとの異種格闘技戦は、スラヴィンの「逃亡」によって立ち消えとなってしまった。もっともスラヴィンのこれまでの活動を見てみると、スラヴィンはボクシング興行で知名度を上げ、その後はボクシング教室を主宰してコーチやプロモーターとなるという明確なビジネスプランを持つ〝プロフェッショナル〟なボクサーであり、日本武道への挑戦をしばしば口にしていたものの、それも自らのプロモーション活動の一環であった。

それゆえいかに柔道を研究し、さらに自分に有利なルールを設定したとしても、真剣勝負の異種格闘技に負けでもすれば、せっかくのビジネスチャンスが水の泡となる。それゆえ、異種格闘技戦のそぶりを見せることで日本人の興味を引きつつ、断りきれなくなったところでトンズラをかましたとしても、それは彼の立派なビジネス戦略だったのかもしれない。

このエピソードから我々が学ぶべきことは、異種格闘技戦にはそれぞれの武術・格闘技の「思惑」が交差し、またそれを競技として成り立たせること自体が、大変な苦労を伴う、という点であろう。

なにはともあれ、達人スラヴィンの異種格闘技戦もまた幻に終わってしまった。

第三章

決戦！　横浜柔拳

——決闘としての柔拳試合

講道館の柔道家と英国艦隊のボクサーとの異種格闘技戦、横浜の地で実現へ

第一章では力士対西洋人格闘家の「幻の」一戦を、第二章ではお騒がせボクサーのドタバタ劇をお伝えしたが、この第三章からはいよいよ日本武道と西洋人格闘家との対戦について見ていきたい。

ここで取り上げるのは１９０９年、水兵ボクサーとの間で繰り広げられた横浜・東京での柔拳試合である。「柔拳」とは柔道対拳闘（ボクシング）の異種格闘技戦であるが、筆者が見るところ、これが異種格闘技戦がメインとなった日本初の興行である。

本書では以後、初試合の地を記念してこの一連の柔拳試合を「横浜柔拳」と呼ぶこととするが、その第一戦は１９０９年5月3日、横浜・羽衣座において講道館・昆野睦武《こんのちかのり》と英国艦隊ボクサー・ガレットの間で行われた。続く第二戦は5月14日、東京・新富座において昆野と米国艦隊水兵S・アボットの間で、そして最終戦となった第三戦は5月17日、再び新富座において昆野が審判となり、講道館・佐藤傳蔵（伝三とも）と米国艦隊水兵マホネーとの間で行われた。なおこの章で発行年を記載していない新聞・雑誌はすべて１９０９年発行のも

のである。

まずはこの横浜柔拳に選手・審判として深くかかわった柔道家・昆野睦武のプロフィールから確認していこう。『岩手県姓氏歴史人物大辞典』によれば、昆野睦武（１８８５〜１９１７、新聞紙上ではしばしば「今野」と表記されることも）は九戸郡《くのへぐん》久慈町に生まれ、仙台第二中学校で学んだ後に上京、横山作次郎の門下生となり、二段の時には同じく横山門下の三船久蔵とともに神田の某道場で指南役を務めたという。

横山作次郎（１８６４〜１９１２）とは実戦派で知られた講道館四天王「鬼横山」のことである。そして三船久蔵（１８８３〜１９６５）とは「空気投げ」で知られた「柔道の神様」三船十段のことであるが、三船も昆野と同じく九戸郡久慈町の出身であり、仙台第二中学で学んでいた。それゆえ三船と昆野は幼馴染か、少なくとも仙台二中の先輩後輩関係であろう。あるいは昆野の上京や横山門下への入門も2歳年上の三船の計らいによるものだったのかもしれない。なお昆野の出生年から計算すれば、彼が横浜柔拳に参戦したのは血気盛んな24歳の頃となる。

さらにこの辞典には、昆野が横浜柔拳に関わるようになった経緯も記されている。

（筆者注：昆野は）**柔道家横山作次郎門下生となり、二段のころには当時三段の三船久蔵と共に、神田の某道場で指南役を務めていたが、その後破門された。帰郷中、横浜に寄港していた英国艦隊の乗組員で、当時世界一のボクサーといわれたスミスから講道館へ試合が申し込まれ、講道館は以前、洋行中にボクサーとの試合で敗けた山下八段の例もあり苦慮したが、協議の結果、昆野に白羽の矢を立てた。昆野は快諾し、明治四二年横浜の羽衣座で対戦し、試合の結果は七勝一敗であった。しかし、この試合で助骨を二本折るなどし、のち柔道家として再起することはなかった。**

この経緯からは、英国艦隊のボクサーが講道館へ試合を申し込み、昆野は講道館からの指示で試合に参加したことがわかる。しかしこの経緯にはいくつか気になる点がある。

当時の報道においても、はじめは昆野が有段者として報じられていたものの、たとえば5月3日付けの『時事新報』では彼が「**三段に非ずして一級なり**」と訂正された。さらにこの記述では昆野は羽衣座の試合で「七勝一敗」したとあるが、後に見るように彼は4ラウンド取り、1ラウンド失ったために勝敗数で言えば「四勝一敗」である。また記述中の「山下八段」とは講道館四天王の一人であり、１９０２年以降、アメリカでの柔道普及に携わっていた山

図1：英国東洋艦隊所属駆逐艦ヴィラゴー乗組員ストーカースミス及び柔道三段昆野睦武
（時事新報1909.5.1）

下義韶《よしつぐ》（1865〜1935）のことであろうが、山下は横浜柔拳が開催された1909年には八段取得前である。加えて山下がアメリカでボクサーと立ち合って敗れたという史料はいまだ発見されていない。

そして後述するが、昆野は横浜柔拳への参戦を咎められ、講道館から昇段見送りという処分を受けている。講道館の協議によって「白羽の矢」が立てられたにも関わらず処分されるとは、いかにも不自然である。あるいはこの「帰郷中」とは「破門」以前の、単なる帰省中の時期のことを指すとの解釈も可能だが、そうすると昆野は羽衣座の試合で再起不能となったにもかかわらず、次の新富座の試合に出場し、さらに後には三船と神田で指南役を務めたこととなってしまう。

これらの点は気になるものの、とりあえずここでは昆野が「実戦派」鬼横山の気風を受け継いだ講道館のホープの一人であったことを確認するにとどめよう。ちなみに図1は昆野とスミスの写真であるが、この写真からは昆野の威風堂々とした様子がうかがえる。

実際の試合展開を想定したきめ細かなルール作り

この試合については5月4日付『読売新聞』、5月4日・5日付『時事新報』『東京日日新聞』等で報じられ、雑誌『風俗画報』では詳細な観戦記事も掲載された。今回はこれらの記事を用いて試合の詳細を確認していくこととする。

第一戦は横浜市山手町のアミューズメントホールが主催し、羽衣座の舞台上に25畳の畳を敷いて行われた。羽衣座とは、もとは「下田座」と呼ばれた横浜最古の劇場の一つである。

一方、主催の「アミューズメントホール」については資料不足のため詳細不明であるが、前章で紹介した「横浜ゲーテ座」も同じく山手町にあり、おそらく同一施設か、少なくとも英国系の施設か興行団体であろう。その証拠に第一戦には2千人余りの観客が詰めかけたが、そのうち三分の一が外国人であり、中には英国艦隊の将校や英国大使館員、米国経済記者ヘンリー・ジョージ氏らの顔も見られたという。この主催者や観客の顔ぶれを見ると、どうやらこの第一戦は主にイギリス系外国人のイニシアティブによって行われたようである。やはり外国人たちも「我々のマーシャルアーツ」がどこまで日本武道に通用するのか、興味津々だったのだろう。

　さて気になるルールであるが、5月4日・5日付『時事新報』及び4日付『読売新聞』の報道を見ると以下のルールで行われたことがわかる。

①柔道側は投げ、首への絞め技が決まれば勝ち。
②ボクサー側はあご、わき腹、左の脇下（肋骨）へ打撃がヒットすれば勝ち。
③1ラウンド3分、休憩2分の6ラウンド勝負。
④5ラウンド勝てば「全勝」とする。

　これを見ると、試合時間はボクシング式のラウンド制、勝敗は一回の投げ・絞め、あご・レバー・左のボディへの一撃で決する柔道式の一本勝負という、ボクシングと柔道の「折衷ルール」で戦われたようである。あるいは素手でのボクシングマッチである「ベアナックル」時代の、一ダウンで一ラウンド終了、というルールを採用したのかもしれない。また絞め技では首絞めが「決まり手」とされ、さらに5月4日付の『時事新報』では「**今野氏は敵の首を巻きて到《(ママ)》せば勝《かち》とし**」と報じられていたことから、上半身裸のボクサーでは袖も襟も掴めないために、柔道家の攻撃は首を中心としたものとなると見抜いた上でルールが作られていたことがわかる。

このルールは勝利条件が選手によって異なるなど、一つの「競技」ルールとしては不十分な点もある。しかし前章の「幻の」スラヴィン戦のようにボクシング側に特に有利とも思えない。前章のルールでは日本側がなんとかスラヴィンを「引っ張り出そう」としたために、ほぼすべて彼の要求をのむものとなったが、この時は英国側からの申込みだったために対等な立場で交渉を進めることができたのであろう。さらに首投げ・首絞めの規定からは、実際の試合展開を予想したきめ細かなルール作りが行われていたこともわかる。

それでは当日の様子を見ていこう。試合会場となった羽衣座は午後8時20分に開場し、はじめに前座として日本人による柔道、撃剣、薙刀、鎖鎌の試合が行われ、午後9時40分から試合開始となった。

一騒動、起こる―異種格闘技戦、特に国際試合を開催する難しさ

しかしここで一騒動が起こった。開始直前、審判のハリソン氏から、対戦相手のスミスが今朝になって突然、所属艦の館長より上陸を禁止されたために、代わりに同艦隊旗艦・キングアルフレット号の乗組員で拳闘家のガレットが出場する旨が告げられたのである。この突然の選手交代を聞いた観客たちは騒然となり、たとえば『風俗画報』397号（14頁）によれば「**中にも気早の者は、舞台に飛上りスミス上陸の理由を詰問するなど、一時は場内沸き返る騒ぎを演出したる**」ありさまとなったという。

この降板劇の理由は定かではないものの、その手がかりが1909年5月5日付の『東京日日新聞』の記事に見える。記事によれば、時事新報の記者が試合を見るために新橋から汽車で横浜に向かう途中、品川あたりで同じく試合観戦に赴く英国大使館附きのアイスモンガー大尉と乗り合わせた。すると大尉はこの日の朝、英国大使から「**特別の注意**」が出され、もしかすると試合は中止させられるかもしれないと語り、彼自身も「**万一あんな事から折角親善な日英国民の間に少しでも行違《ゆきちがい》があつてはなりませんと心配**」していたという。さらに

記事では試合後の感想として、試合は随分と盛り上がったものの、**「見物人の中には随分夢中になつて聞《きき》ぐるしい騒《さわぎ》」**を起こした者もあり、**「成程此方《こっち》があんな騒《さわぎ》をする位だから英提督が注意して水兵の上陸を禁じたのも無理ならぬ事である」**と記されている。

当時、日本は英国と日英同盟を結んで良好な関係にあり、それゆえ武術・格闘技を通じた「交流」もまた可能だった。しかし観客の中にこの試合を単なる柔道家対ボクサーの対戦ではなく、「日英のメンツを賭けた戦い」と見なす者がいた場合、試合結果の如何によっては日英の観客が衝突する危険性があった。

それゆえこの突然の選手交代は、英国側が強豪・スミスが昆野を血だらけにして日本人の反感を買うことを恐れ、スミスよりも実力の劣るガレットを出してきたためかもしれない。あるいは英国側もこの対戦を「英国の名誉を掛けた決闘」と見なし、さらなる実力者のガレットに差し替えたのかもしれない。真相は闇の中であるが、このエピソードからは今も昔も異種格闘技戦、特に国際試合では、選手を出す団体側の思惑も絡まり複雑怪奇な経緯をたどることがわかるだろう。

日本初の異種格闘技興行の第一戦目
試合結果は昆野の圧勝

さてこのガレットであるが、胸や背中に「草花」の刺青をもつ身長五尺七寸（約１７２㎝）の筋骨たくましい青年であり、上半身は裸、下にはサルマタを穿き、白いゴム底のズック（布製の運動靴）を履いて両手にグローブをはめて舞台に現れた。一方の昆野は柔道の稽古着を着て現れた。

舞台に上がった両者は握手を交わした後に距離をとり、ついに第一ラウンドが始まった。開始直後、ガレットは左腕を前に、右手を胸のあたりにおいて構え、昆野は右手を前にした右構えでガレットに向き合うと、会場は割れんばかりの歓声に包まれた。

このまま数十秒、にらみ合いながらの一進一退が続いたが、昆野は緊張のためか何度も手の汗を胴着で拭いていたという。観客もこの緊張した駆け引きに静まりかえっていたが、突然、ガレットの左の拳が昆野の右肩あたり、すなわち右構えを取る昆野の顔面めがけて飛んできた。しかし昆野はそれを前の右手で払いつつガレットのふところに素早く飛び込むと、そのまま右手で相手の首を抱え込んでの小外刈りで投げ倒し、第一ラウンドを先取した。

図2：この一戦は多くの新聞で取り上げられた（東京日日新聞1909.5.5）

その後、二分間の休憩となったが、ガレットは介添人にタオルで汗を拭かれ団扇であおがれながら、昆野は仰向けに寝そべりながら休憩をとった。

第二ラウンドが始まると、ガレットは昆野が飛び込んでくるのに合わせて右頬にパンチをヒットさせ、そのまま右拳をわき腹に叩き込んで第二ラウンドを取った。なお5月5日付『東京日日新聞』によれば、昆野は試合後、「**彼の突手の鋭どい事は一突つかれると思はずたぢたぢとする程**」と語っており、ガレットがハードパンチャーだったことがわかる。

両者一勝一敗で迎えた第三ラウンド

では、昆野は前ラウンドのカウンターにもひるまず飛び込み、右手でガレットの首を抱え込んで仰向けに倒し、そのまま咽喉締めを決めて勝利した。

第四ラウンドに至ると両者ともにかなりの疲労が見られ、昆野は用心して間をとって様子を見ていた。なかなか攻めてこない昆野にいらだったガレットが、今度は自ら猛然と昆野に突きかかっていったが、昆野はこれを左手で払って外し、逆に左手を首にかけて巻倒して勝利を得た。

第五ラウンド、すでに3敗であとのないガレットが何度も昆野に打ち込んでいったものの、昆野はそれらを外しつつ、逆に隙をついて組み付きにいった。するとガレットはしゃがんでこの組み付きにきた腕を頭上で空振りさせることに成功した。しかし昆野はすぐさま身をかがめているガレットの背中に体を重ねるように密着し、下からガレットの両脇に両手を差し込んで背中にまわし、両手を組んで抱え込んだ。その結果、昆野はガレットを逆さ羽交い締め―リバース・フルネルソンやダブルアーム・スープレックス、あるいは相撲の五輪砕き―の形で抑え込み、そのまま足をからめてガレットを仰向けに倒して勝利を得た。

ちなみに、リバース・フルネルソンとは、自分の前でしゃがみこんだ対戦相手の両腕をとらえて相手の背中側にもっていき、後方へと持ち上げることで、肩や首の関節を攻める技である。そしてその態勢のまま相手を持ち上げ、バックドロップの要領で投げつけるのがダブルアーム・スープレックスである。

なお、取り決めでは試合は第六ラウンドまでとなっていたが、この時点で昆野4勝、ガレット1勝と昆野の勝利が確定し、またガレットも疲労困憊となっていたためにガレットの試合放棄で幕を閉じた。結果、試合時間14分45秒で昆野の勝利となり、勝者たる昆野には「サムライ商会」から寄贈された「金盃」が授与されたという。

こうして日本初の異種格闘技興行の第一戦目は、講道館の若武者の勝利で幕を閉じた。

引き続き行われた「横浜柔拳」第二・第三戦の相手は米国水兵ボクサー

それでは続けて、5月15日付『読売新聞』及び『東京日日新聞』、5月15日・16日付『時事新報』、5月16日付『東京朝日新聞』、『風俗画報』397号などを主な資料に、第二、第三試合の様子を見ていこう。

第二戦は第一戦から11日後の1909年5月14日、東京・京橋区新富町の新富座に会場を変え、横浜アミューズメントホール主催で行われた。昆野の今回の相手はニューヨーク生まれ体重145斤（87キログラム）の21歳、米艦隊チャタヌーガ号水兵、S・アボットであった。アボットは幼少からボクシングを学び、香港の大会―おそらく水兵同士のボクシングマッチであろう―での優勝経験もある強豪だった(図3)。なお選手が英国から米国の水兵ボクサーに代わったのは、英国艦隊が5月16日に横浜を離れたためであろう。一方、米国艦隊は6月7日まで帰港していたため、続く第二戦、第三戦は同艦隊ボクサーとの対戦となった。

会場の新富座は夜8時から開場し、柔道、剣道、薙刀などの余興を経て、10時1分から昆野対アボットのメインマッチとなった。なお高額の客席は平土間（舞台正面の席）が2割程度埋まっていたものの、特別席はたった三名、一等席にも観客はほとんどおらず、ただ立ち見と桟敷席（一般席）のみが満員、外国人客もほとんど見られないという、前回に比べてやや寂しい客入りであった。しかし観客の大半を占める学生たちは熱心に昆野を応援したために、試合は熱気にあふれていたという。

この第二試合では昆野は締め技が禁止となったほか、柔道側は一回投げるごとに一ポイント、ボクサー側はあご、脇腹、脾―左の肋骨であろう―への打撃で一ポイントとするポイント制、そして一ラウンド2分、休憩1分とするラウンド制が導入された。なお5月16日付『時

図3：アボット（左）と昆野（右）。中央は審判のハリソン氏（時事新報1909.5.16）

事新報』には、昆野がこのルール改正、特に投技のみでの勝負を受け入れたのは「たぶん自信の結果なるべし」とあり、彼が前回の「圧勝」に気を良くし、あえて不利なルールを受け入れたことがわかる。だがその余裕が思わぬ苦戦を招くこととなった。それでは5月16日付『時事新報』掲載のこの試合記事を主な資料としながら、昆野の戦いぶりを見ていこう。なお次節の第二試合の描写において新聞名未記載の「　　」は、この5月16日付『時事新報』の記事からの引用である。

試合は日本人柔道家に有利に進むも果たして結果は？

第一ラウンド。握手をして左右に分かれた後、アボットが腰を落としながらじりじりと昆野に歩み寄り、右拳を放った。この初撃は昆野の肩を斜めに打つだけに終わったが、昆野は打たれながらも懐深く飛び込み、左手をアボットの首にかけて仰向けに投げ倒した。アボットはすぐさま立ち上がり激しく昆野を突いたが、昆野はこれをかいくぐり「**腰車**」で再びアボットを投げつけた。立ち上がったアボットは今度は左拳で「**昆野の横腹をドンとばかり**」

打ち込んで一矢報いるも、昆野に右足を高く取られて―おそらく「朽木倒し」であろう―投げ倒された。しかしさすがアボット、起き上がりざまに昆野の「**右頬を打ち、返す左手を再び横腹に打ち込**」むというコンビネーションを見せたところでラウンド終了となった。

第二ラウンドが始まると、「**早くもア氏の弱点を看破せる昆野氏は奮勇一番、猛烈に攻め寄り両拳にて雨や霰《あられ》と肩部面部を打たれながら突け入り**」、アボットの内股を取って投げた。アボットはすぐさま起き上がったものの、またもや昆野に左足を取られて投げられた。起き上がったアボットは今度は自分から昆野に打ちかかっていったが、昆野は今度もアボットの両脚にがっしりと組み付くと、再び投げ倒そうとした。一方、アボットは組み付く昆野にパンチを放つも効果はなく、逆に自分の太腿を自分で打つ始末であった。こうして両者、「**打たれながらに倒し倒れながらに打つ**」至近距離での攻防を繰り返したが、ついに昆野が両足を掬い取って倒し、「**抑へ込みの手**」でアボットを封殺した。

続く第三から第七ラウンド、ボクサーには朽木倒しや双手刈りが有効であると見抜いた昆野が始終優勢に試合を進め、18回もの投げを決めた。一方のアボットも第五ラウンドに左頬と鼻の下に、第六ラウンドに右頬と腹部に拳を叩き込んで昆野を苦しめた。さらにこの間、徐々に第一ラウンドで強打された昆野の右頬の赤みが増していったが、これはアボットが「**組まれながら機敏に両拳を働かせて善戦《よく》**」った、すなわち昆野に組み付かれながらも、果敢にショート・パンチで昆野を攻めたてていたからであった。

第八ラウンド。昆野が組み付きにいくと、アボットの左が三発、昆野の右鼻から目の下あたりに炸裂。昆野は激しい出血に見舞われ、両手で鼻血を拭うも止まらず顔面が真っ赤に染まったが、この間も「**隙やあると敵は頻《しき》りに虚を狙へり**」とアボットは攻撃の手を緩めることはなかった。一方、「**昆野氏は彼方に走りて洟《はな》をかみしに血糊は両掌を真紅に染め畳には時ならぬ紅葉を散らし稽古衣亦《ま》た点々として朱を印せり**」と、昆野の出血は止まる気配はなかった。しかし昆野は残り三秒のところで投げと抑え込みを決めると、ここで「**ゲームセット**」となった。

こうして「**奮闘約二十五分間**」、8ラウンドで試合終了となった。なお『風俗画報』および5月15日付『読売新聞』では試合は「10ラウンド」行われたとあるが、8ラウンドで昆野が大量出血したことを考えると、元々は10ラウンド勝負だったのが昆野負傷のため8ラウンドで打ち切られたと見るのが妥当であろう。

最後は流血に見舞われたものの、昆野がボクシングの「攻略法」をつかんで何度もアボットを投げつけた本戦は、だれの眼にも昆野の勝利に映った。しかし審判が読み上げたスコアは昆野、アボットともに32点で同点、試合は「**無勝負**」となった。

観客たちを納得させられない採点結果、会場に罵声飛び交う

この結果に対して、観客や記者たちはまったく納得いかなかったようである。たとえば5月15日付『読売新聞』では、昆野は背負い投げ1、片足取り18、両足取り4の他は「**悉《ことごと》く押さへ込み**」であり、一方の「**アボツト氏に於《お》ては腮《あご》一脇腹二のみが正確なる勝《かち》**」で「**他は多く勝点不分明《しょうてんふぶんめい》**」であった。にもかかわらずそれを同点とし、「**充分なる説明を与へず有耶無耶の内に葬り去りたるは審判者の不都合と云ふべし**」である、と非難されている。同様にこの『時事新報』の記事を書いた記者も「**昆野氏の投げ或《あるい》は抑え込みを精細に算へて二十八**」しかなく、昆野のポイントが32点となっている点に疑問を投げかけている。

しかし5月16日付『時事新報』の記者はアボットのポイントに関しては「**来観者の眼の及ばぬ所に成功ありしものか**」と、一定の理解を示している。確かに試合中、アボットは昆野に組み付かれながらも何度も小刻みなパンチをたたき込むことで、昆野の顔を徐々に腫れ上がらせていった。おそらくこのようなクリンチ状態でのパンチもポイントとして換算したことが、アボットの大量得点となったのであろう。

こうしてポイント認定に不満を残しつつも、三日後の5月17日、同じく新富座にて、前回審判を務めていた佐藤傳蔵と、米艦チヤタヌーガ号の乗組員、R・マホネーとの第三戦が実施された。なお昆野は今回は審判を務めている。また各紙では佐藤が「二段」と報じられたが、彼が昆野より年下の19歳であったことを考えると、彼もまた黒帯取得前であったと思われる。この試合については5月19日付『時事新報』の記事で詳細に報じられており、これを主な資料に試合を見ていこう。なおこの第三試合の描写において新聞名未記載の「　」は、この5月19日付『時事新報』の記事からの引用である。

マホネーはケンタッキー州生まれの24歳、体重20斤（72キログラム）、身長5尺3寸（約160センチメートル）の、「**外国人としては体躯小なる方**」であるが「**米艦隊有数の拳闘家**」にして、「**筋肉の発育美事《みごと》にして眼光炯々人を射る処、一見その勇者たるを知るべし**」といった堂々たる風格であった。事実、彼はニューポートランドで10回戦を勝ち抜いたほか、計5か所での試合経験を持つ、これまたキャリア十分の「**豪の者**」であった。一方、佐藤は身長5尺1寸（約154センチメートル）の小兵ながら19歳で「**二段**」という触れ込みであった（図4）。

ルールについては前回、投げのみで苦戦したのを反省してか、柔道側は「**押へ込み、締め**

図4：マホネー（左）と佐藤（右）（時事新報1909.5.19）

の二手」が解禁となった。また5月19日付『東京朝日新聞』によれば、ポイント認定は「拳闘の方は顎と鳩尾と横腹の内何処でも一度突けば一点、柔道の方は倒すのと締めるのと掴むのとを各一点」とされた。

試合は前回同様、夜8時5分からの柔道と撃剣の余興を経て、10時5分から開始された。なお観客は前回よりもやや多かったものの、初回ほどの盛況には至らなかったという。

さて試合内容であるが、第一ラウンド、まずはマホネーが「**雷《いなずま》の如く**」パンチを放ってきたものの、佐藤はそれをかわして飛込みざまに投げ倒し、喉輪締めを仕掛けた。これは不発に終わったようであるが、この初回からの激しい攻防に会場は大歓声に包まれたという。その後、佐藤が顎を強打されながらもマホネーの懐に飛び込み、背負い投げを仕掛けた。マホネー、そのまま弧を描いて投げられ仰向けに倒れ込むも、そのまま佐藤の横腹を突くというファインプレーを見せたところでラウンド終了となった。

第二ラウンド。マホネー突けば佐藤下がり、佐藤進めばマホネー突きかかるといったやり取りが続いたものの、佐藤が懐に飛び込んで投げや双手刈りを決めた。しかしマホネーも隙を見ては佐藤のわき腹や喉にパンチを叩き込んだために、このラウンドは双方がポイントを得て終了となった。

第三ラウンド。佐藤が華麗に腰車を決めれば、マホネーは佐藤の横面を鮮やかに打ち据える、という互角の勝負が続けられ、会場は大いに盛り上がった。

第五ラウンド及び第六ラウンド（『時事新報』記事では「第五六戦」とあり、第四ラウンドについては記載なし）。佐藤、身を屈めて足取りにいこうとしたところをマホネーにいなされ、肩とわき腹に見事なコンビネーション・ブローを叩き込まれる。佐藤、すぐさま立ち直って足取りに行こうとしたところ、マホネーの強打を眼に食らってしまう。佐藤はこの打撃で昏倒しそうになりながらも、なんとか持ちこたえてラウンド終了となった。

第七ラウンド。両者、疲労の色が見え始め、マホネーは肩や膝などに数か所の擦過傷、佐藤は左頬に打撃の跡がはっきりと浮き出てきた。なおこのラウンドは佐藤が始終優勢に進めたが、佐藤がマホネーの打撃を外してまさに投げつけようとした瞬間、試合終了となった。

こうして試合は約20分で終了し、結果は採点に持ち込まれた。しかしここで再び問題が生じた。観客たちは、マホネーの打撃で**「特に目立ちたるは数回《すくわい》のみ」**しかなく、逆に**「佐藤の投げの極《きま》りしは其数回《そのすくわい》なるを知らず」**と見ていたために**「全く柔道の勝と信じ」**ていた。

しかし読み上げられたスコアは両者44点、またしても試合は無勝負となった。

再び同点とはいかにも不自然であるが、それは以下のようなやり取りのためであった。

もともとボクシング側の審判によるスコアは47点だったのだが、このスコアには「**一寸敵手に触れたる丈けの手迄算入し**」たものであった。それを知った柔道側は、それならばこちらは「投げ」から「抑え込み」、「締め」に行った一連のコンビネーションをそれぞれ1点として計算すれば120点余りとなる、と主張しはじめた。結果、両者の言い分を認め、同点引分けとすることで決着を見たのであった。

またもや不明確なポイント認定のせいで引き分けとなったことで、会場は大ブーイングに包まれた。たとえば5月19日付の『東京朝日新聞』によれば、引き分けが告げられると「**審判者たる昆野、グラウリンを『馬鹿だ』と罵る声起り『八百長だ人を馬鹿にするない』と叫ぶ者多く場内一時喧騒《けんさう》を極め**」たという。同様に5月18日付の『読売新聞』にも「**四十四対四十四で又々引分となれりギヤフン**」、同日付『東京日日新聞』にも「**馬鹿にするな八百長引《ひっ》ぱたけなど口々に罵り合ひ**」といった記事が掲載されたところを見ると、この引き分けがかなりの騒動を引き起こしたことがわかる。

「横浜柔拳」試合後の騒動による影響
嘉納治五郎師範からのお達しも

横浜柔拳は選手が十分に実力を発揮できるよう、最終戦まで公平なルールについての試行錯誤を繰り返した点ではよい「腕試し」となったのかもしれない。しかしこの「騒動」が示すように、最後まで観客が納得できる判定基準を設定できなかった点では、「興行」としては失敗に終わった、と言えるだろう。

加えて、柔道、ボクシング側とも、この異種格闘技戦を続行していくことは難しい状況となった。たとえば１９０９年5月25日付の『東京朝日新聞』によれば、5月24日に講道館で昇段をかけた紅白試合が行われた際、嘉納治五郎が「**新富座に於て外人と興行的試合をなしたるは吾が神聖なる講道館の精神を忘却したるものなれば今後一切斯る所業は慎むべく**」と興行への出場禁止を訓諭し、さらに「**然れば昆野氏は本日初段を與ふる資格あるも其為め昇段を許さざる**」とした。どうやらこの訓諭のために以後しばらくの間、講道館員は大っぴらに「興行的」試合に出場することはできなくなったようである。

さらに、水兵を選手とした興行自体にも限界があった。そもそも水兵たちにとって、寄港先でのボクシング・マッチはお気に入りのレクリエーション活動であった。たとえば5月12日付『東京日日新聞』によれば、第一戦から7日後の5月10日、横浜ゲーテ座にて英国艦隊のキングアレフレット号・ケント号・ベッドフォード号の水兵ボクサーらによる試合が行われたが、観客のほとんどが外国人であり、またその半数は艦隊水兵であったという。

また1910年8月27日付『読売新聞』及び28日付『東京朝日新聞』によれば、翌年1910年の8月25日には、横浜に寄航した米国艦隊の水兵150人あまりが、上海で開催予定だった艦対抗ボクシング・マッチを横浜の路上で行い、警察騒ぎとなったという。「柔道への挑戦」もこの上陸時の余暇活動の一環として企画されたのであろうが、しかし水兵ボクサーの本職はあくまでも兵士であり、来日も艦隊の寄港スケジュール次第であったために、柔拳試合を興行主側の都合で企画することは不可能であった。

こうして日本初の異種格闘技戦興行は怒号の中で幕を閉じ、また柔道側もボクサー側も興行に参加できなかったためか、これに続く試合も開催されなかった。しかし数年後、ある男の計らいにより、突如として柔拳試合が「再開」され、本格的な興行化の道を歩みだすこととなる。

第四章
E・スミスの柔拳巡業
―競技としての柔拳試合

「柔拳」の異種格闘技戦、再び！

柔道の研究も志す米国人拳闘家らと対決

前章までに、日本初の異種格闘技戦興行についてお伝えしたが、判定でもめ、出場選手にも嘉納師範から「訓告」が下されたりしたためであろうか、再び水兵相手の試合が行われることはなかった。しかしそれから約2年後の1911年（明治44年）、突如として「柔拳」の全国巡業が開催された。なおこの章で発行年を記載していない新聞・雑誌は、すべて1911年発行のものである。

日本武道に挑戦状を叩き付けたのは米国人ボクサー、エドワード・スミスを代表とする一行である。6月1日付『東京朝日新聞』によれば、スミスはアメリカで「**前田英世《（ママ）》氏の柔道試合**」—海外の異種格闘技戦で無敗を誇ったという「コンデ・コマ」こと前田光世の試合であろう—を見て柔道に興味を持ち、仲間とともにマニラ経由で神戸港にやってきたという。

さらに10月10日付『時事新報』によれば、彼らは興行目的ではなく「**柔道の長所と共に拳闘の長所を併せ採りて一派の技術を創設せんと**」、また10月8日付『読売新聞』によれば、彼らは柔道と拳闘を「**比較研究し彼我《ひが》の長所を取りて帰国の上は本国に柔拳倶楽部を創設**」

するために来日したという。

このようにスミスは柔道と拳闘の「比較研究」を通じて「柔拳競技」を創設し、それを米国で普及させるという大志を抱いて来日したのであり、その点で、日本武道とボクシング、あるいは日本人と西洋人の優劣にのみ関心を向けていたこれまでの興行主とは一線を画していたように思われる。

そして6月1日付『東京朝日新聞』によれば、彼らがその来日目的を「某氏」に相談したところ、「**相撲頭取《とうどり》の朝日山四朗右衛門の骨折《ほねおり》にて**」大阪は難波の土橋にあった「相撲常場所」において、6月2日〜4日の三日間、柔道との試合を開催することになったという。

なおこの試合は「大阪の青年柔道家」であり、その時ちょうど帰阪中であった早稲田大学生の初段・内山義治《よしはる》および初段・吉野秀雄を正選手に、飛び入り自由で行われるとされた。

またこの選手の吉野はスミスらの来日後、最初に相談を受けた人物の一人であり、この大阪での試合後も審判や選手として彼らをサポートしていくこととなる。

さらに10月8日付『読売新聞』によれば、この大阪での試合の後、スミスらは「**鹿児島、熊本、佐賀等の各県に於《お》て日本柔道家と競技会を開催し至る処《ところ》好評を博したるが今回帰国の途次《とじ》見物旁々《かたがた》**」、東京座において柔道家と試合を行うために、6日に神戸から汽車に乗り東京に向かったという。

この時、スミスとともに上京してきたのは、同じくアメリカ人のクレーとドイツ人のハウスである。10月10日付『時事新報』によれば、彼らの体格はハウスが「**六尺四寸体量二十二貫余**」（約194センチ、82・5キロ）、クレーが「**五尺七寸体量十七貫余**」（約173センチ、63・75キロ）、スミスが「**五尺六寸体量十六貫余**」（約170センチ、60キロ）であり、ハウスがとびぬけて巨漢であった。

残念ながら西日本での巡業のメンバーについては資料不足で確定できないものの、上京後はハウス、クレー、スミスの三名が柔道家との試合を繰り広げることとなる。なお図1は三名の写真であるが、背広を着こんだ彼らは知的な青年たちに見える。それもそのはず、10月8日付『読売新聞』によれば、スミスはワシントン大学出身の工学士で「**早稲田、慶応両大学野球遠征渡米の際は一行の為め協力斡旋したる人**」であったという。

また10月12日付『時事新報』によれば、スミスは試合前、宿泊先のホテルに取材にきた記者に対して、「**柔道家は体《からだ》を寄せて来る此方《こちら》では成《な》る可《べ》く寄せない方法を取**」り「**寄つて来るまでに突いて行く**」こと、しかし「**柔道家は足を狙つて来るこれが一番困る**」と語っており、対柔道戦を十分に研究してきたことがわかる。

図1：背広を着たスミスら（時事新報1911.10.10）

　さらに彼らは試合ルールについてもずいぶん研究したようである。たとえば10月10日付『時事新報』によれば、試合はポイント制で争われ、柔道家が「一本」を決めれば15点、投げは10点、抑え込み・締め・逆はそれぞれ5点とされたが、投げに関しては「**正、横に於て審判者は之に得点を附すべし**」と、その効果に応じたポイント認定も考慮されていた。一方、拳闘家は顔面への突きが5点、胸部が1点とされ、双方が「取組中」―クリンチ状態であろう―の打撃はすべて1点とされた。しかしクリンチ中でもその「**強弱に依つて審判者は之に得点を附すべしとの余裕を設け**」ることで、クリーン・ヒットと「手打ち」パンチにポイント差をつけるという工夫が施された。

飛び入りの日本人柔道家も参加
果たしてその試合結果は？

こうして知的で研究熱心な挑戦者を相手に東京での柔拳巡業が行われたが、以下、10月12日付『時事新報』の記事をもとに、適宜、10月13日付『東京朝日新聞』及び10月12日付『読売新聞』の記事も使用しつつその内容を見ていこう。なお以下の第一回目興行初日の試合描写において新聞名未記載の「　　」は、この10月12日付『時事新報』の記事からの引用である。

第一回目の興行は10月11日、午後7時より東京座で合計6試合が行われた。なお『東京朝日新聞』によれば、試合は1ラウンド4分、3ラウンド勝負で行われ、会場は学生たちが桟敷の七割ほどを埋めていたという。また試合前の10月10日付『時事新報』において、スミスはこの興行は「比較研究」のためであり、それゆえ多くの柔道家の「飛び入り」を歓迎すると語っていたが、以下に見るように多くの「飛び入り」を得たようである。

スミスたちは試合会場に背広姿で現れたが、中でもハウスの巨漢は観客を圧倒したようで、『東京朝日新聞』では「**朱髯赭顔《しゅぜんしゃがん》六尺四寸もある鬼の様な大男**」と報じられている。なお試合では彼らは薄手のシャツと猿股を着用し、巨漢のハウスが6オンス程度、クレーは4・5

オンス程度（スミスは不明）のグローブを使用した。

それでは試合を見ていこう。第一試合は「**四級**」の飛入り選手・渡邊と巨漢・ハウスの戦いとなった。試合が始まると、ハウスは右手を前にしたサウスポー・スタイルで渡邊に迫った。一方、渡邊は「**空拳《くうけん》を一文字《もんじ》に開き腰を屈めて附け入らんとの身構へ**」で応じるも、顔面へのパンチを警戒して「**常に守勢**」にまわることとなった。そのまま数回ほど攻防を繰返した後、ハウスが渡邊に連打を仕掛けた。その一撃目の左拳は渡邊の顔面をかすめただけに終わったが、続く二撃目は渡邊の「**左面部の下方**」（横顎であろうか）を、三撃目は横腹を打ちすえた。この連打でハウスは11点を得たが、渡邊は無得点のまま第一ラウンド終了となった。

第二ラウンドもハウスが4点を得、第三ラウンドには渡邊もやや攻勢に出て「**引組まんとしたるも引外され又一撃を喰ひ**」となった。こうして最後まで渡邊は「**取り付くに不便なる薄き肉襯衣《しゃつ》とて附入《つけい》ること能《あた》わず**」といった展開を覆すことはできず、ハウスが合計18点を得て勝利した。

この試合について、『東京朝日新聞』は渡邊を「**柔道を知つて居るのやら知らぬのやら両手を腕一杯に擴《ひろ》げて飛び廻るも薩張《さつぱ》り相撲にならず瞬《また》く間にハウスに叩き伏せらる**」と報じている。同様に『読売新聞』でも、ハウスが「**飛入りの渡邊といふ日本人をひよろひよろさせた**」と報じており、ハウス圧勝の様子がうかがえる。

　第二試合は飛び入りの「**東京練武館**」二級・井上寅蔵とアメリカ人のクレーの対戦となったが、第一ラウンド、クレーが井上に顔面へのフェイントからのボディ打ちで早々と3点を得た。続く第二ラウンドでは井上が勇敢に攻勢に出るものの、「**クレー氏が示威的に左右の手を動《うご》かすが為か肉薄する能《あた》はず**」、逆にクレーに胸や横腹を左右の拳で打ち抜かれ、クレーが21点を得た。第三ラウンドにも井上は胸に2発、顔面に5発のパンチを受け、「**終《つい》に鼻より出血して中止しクレー氏は二十七点を得たり**」と、またもやボクサー側の圧勝となった。なお『読売新聞』では、井上が「**クレー氏に向《むか》つて只尻込《ただしりこ》みばかりして**」おり、そんな彼に対して、「**同胞を売物にするか、頼むぞ、国家の恥辱だなどいふ罵声怒声援声が轟然雑然として劇場の舞台を中心に狂ひ廻つた**」と報じられており、今回も柔道側にはまったく見せ場がなかったようである。

　第三試合は初段・谷澤とスミスが対戦した。第一ラウンド、スミスが谷澤の顔面に2発パンチを入れ、またもやボクサー側の勝利かと思われた。しかしすぐさま谷澤がスミスに組み付き、そのまま見事な横捨身投げから抑え込みに入り15点を得て、スミスと同点となった。

第二ラウンドも谷澤はスミスに顔面を打たれたが、すぐさま立ち直って背後から組み付き、締め技を決めて5点を得たことで、このラウンドもスミスと同点にまで追いついた。こうして互角のまま第三ラウンドに突入したものの谷澤には疲労の色が見え始め、谷澤は顔面を四回打たれ20点を取られて敗北となった。だが三試合目にして柔道側が「**漸《よう》く活気を示し来れる為め場内湧くが如くなりし**」となり、会場は盛り上がりを見せ始めてきた。

しかし続く第四試合はクレーの相手を務めた四級・松本が第一ラウンド、頭部を七発も打たれた上に、顎も打ち抜かれたために「**預かり**」、いわゆるドクターストップとなってしまった。この試合について『東京朝日新聞』では、「**散々に叩き倒され胸やら顔やら処嫌《ところきら》はず打ちのめされて中途より退場す恰然屠牛《さながらとぎゅう》を見る如く学生は悉《ことごと》く立ち上がつて「残酷だ残酷だ」と叫ぶ**」と報じられており、かなり一方的な試合展開であったことがわかる。

日本柔道、なんとか一矢報いるも全体として劣勢を挽回するには至らず

その後、この第四試合が第一ラウンドで終わってしまったために、かわりに本田という飛

図2：本田がクレーに挑む様子（東京朝日新聞1911.10.13）

び入りの「**一級**」の選手が出場することになったが、『東京朝日新聞』によれば、これは「**一本勝負**」―一ラウンドだけの勝負であろう―だったという。この勝負では本田は顔面に二発、胸部に二発のパンチを食らいながらも勇敢にクレーのふところに飛込み、腰車からの横四方で抑え込み15点を得、柔道側に初勝利をもたらした。なおこの試合は日本人側には特に印象深かったようで、小兵の本田が巨漢のクレーに挑む様子がイラスト化されている（図2）。

第五試合は初段の岡嶋とスミスとの対戦であった。第一ラウンド、はじめは岡嶋がスミスの懐に果敢に飛び込んでいったものの、「**スミス氏面部を突いて突き放**」したため、岡嶋はなかなか組み付くことができなかった。しかしついに岡嶋がスミスに組み付くと、スミスの帯をとって裏捨身から抑え込みに入って15点を得た。なおこのラウンドはスミスも5点を得たという。続く第二ラウンドは岡嶋がスミスに組み付いたさいに顔面にパンチを受け、さらに胸部を4回も打たれたものの、岡嶋は腰投げから胴締を決め、スミス9点、岡嶋15点となり岡嶋が勝利した。

なお図3、4は筆者秘蔵の対ボクサー用テキスト・竹田淺次郎著『対拳式実戦的柔道試合法』の解説写真であるが、岡嶋が決めた「腰投げから胴締」も、このように道着のない相手を上手く捉えてきめたのであろう。

第三ラウンドでは岡嶋がスミスの「**褌**《みつ》」―ベルトの前か、ファールカップを固定するための布であろう―を取りにいったところ、スミスの猿股が裂けてしまったために、いったん試合が止められてしまった。スミスが急きょ替えの猿股を穿いて再開となったものの、再び猿股が破れてしまったためにこのラウンドのポイントは「**ノウカウント**」となった。なお「**スミス氏は岡嶋氏に向ひ日本へ来て斯くの如き強き人は始めてなると舌を巻きたり**」と語っており、岡嶋がかなりの手練れであったことがわかる。ちなみに試合は14点対30点で岡嶋の勝ちとなった。

図3：大腰『対拳式実戦的柔道試合法』115頁より

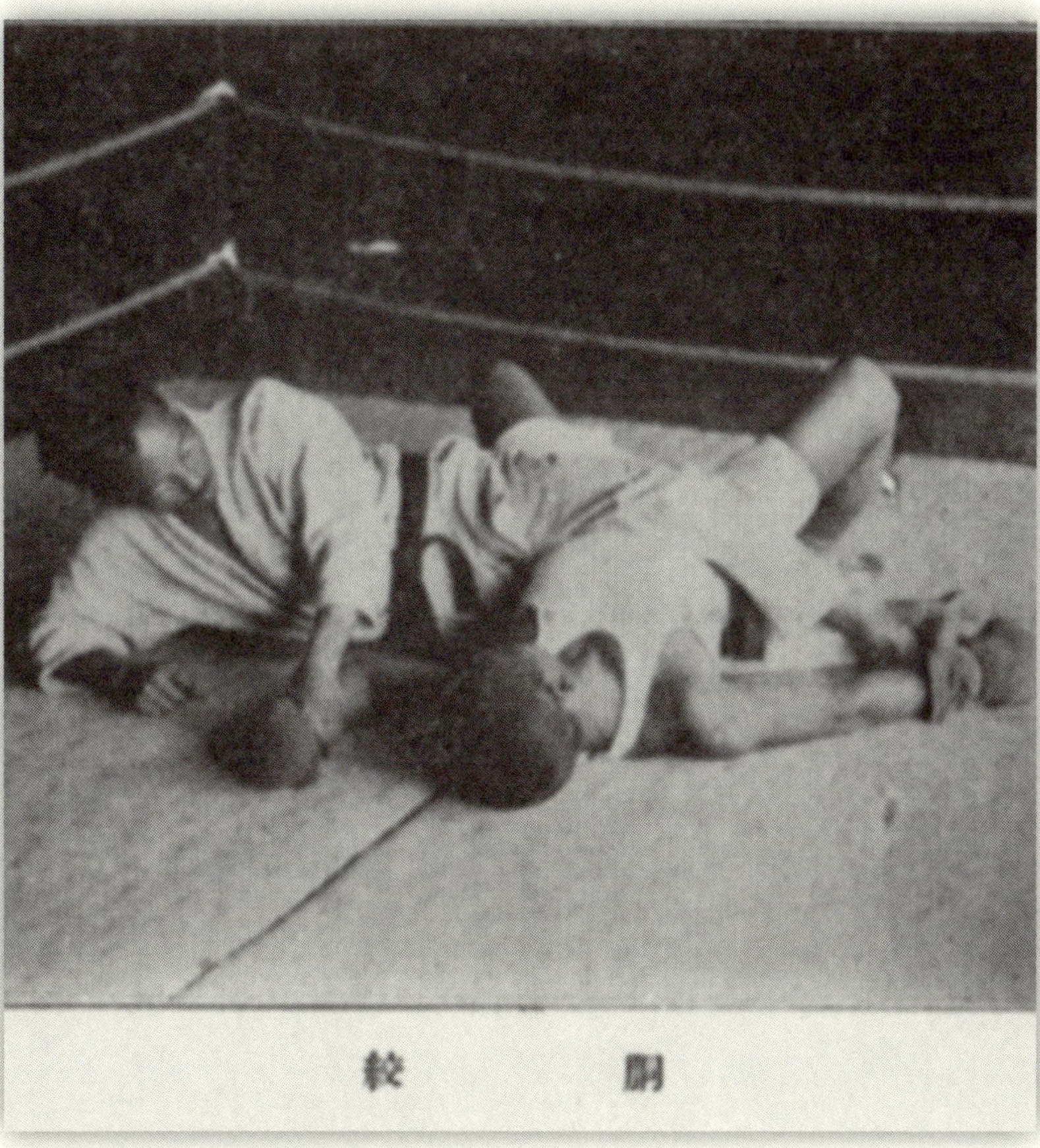

図4：胴締『対拳式実戦的柔道試合法』130頁より

第六試合はさきほどの一本勝負でクレーを降した本田と巨漢のハウスの対戦となった。本田は前回同様、巧みにハウスに組み付いていったものの、「**体量《たいりょう》のあるハウス氏の事とて持上らず十七点を得らえて中止**」となった。また『東京朝日新聞』の記事には、本田の身長は五尺あまり（約1・5メートル）しかなく、2メートル近い「**鬼の如きハウス**」に向かって「**頻《しき》りに飛び込まんと焦り遂《つい》に足取りに行きたるも足を懸《か》けて仆《たお》す術を知らず却て散々に打ち据ゑられて中止**」となったとあり、技巧派の本田も巨漢のハウスに為す術なかったことがわかる。

その後、退場した本田に代わって審判役の吉野がハウスと戦うこととなったが、「**柔道二段剣道四段**」と称する吉野が「**巧みに立ち廻り組付き様横投げ引続き掬鎌《すくいかま》に投げ付け**」、25点対6点で勝利したという（図5）。一方、『東京朝日新聞』では、この最後の勝負は「**興行元兼審判たる吉野某**」がハウスに一本勝負で挑んだものであり、「**厭味《いやみ》タップリにて縦横に舞台の上を飛び廻り結局飛び込んで足取りにて倒し押《おさ》へ込んで**」勝利したと、やや批判的な語調で報じられた。

図5：ハウス対吉野（時事新報1911.10.12）

試合後の新聞における批評
柔道側に厳しい見方

こうして第一回目の興行は六試合中、柔道側は本試合で一勝のみ、一本勝負で二勝という結果に終わったが、この惨敗の原因は日本側の実力不足にあったようである。たとえば『東京朝日新聞』はこの興行を「**一から十迄大八百長《おおやおちょう》の拳闘芝居にて見物を愚弄するも甚《はなは》だし**」と評しつつ、出場選手の実力は「**精々《せいぜい》講道館の二三級位の連中《れんちゅう》**」であり、そもそも審判の吉野は紙上で初段だ二段だと吹聴しているものの、実は「**武徳会の初段にて四五年も稽古を休んで今では二三級の実力と云ふ男**」であったと暴露している。さらに同紙では「**嘉納師範は真剣ならば何時《なんどき》でも応ずるも興行師としては講道館員は一切勝負を為せずと云ひ**」と、嘉納治五郎直々に講道館員の出場を否定するコメントも掲載している。

さてさて、またもや雲行きが怪しくなってきた明治の異種格闘技戦であるが、引き続き残りの興行とそれが後の「柔拳興行」に与えた影響を見ていこう。

日本人柔道家と米国人拳闘家らとの闘い続く、二日目・三日目の試合結果は？

さて、一日目の出場選手の大半が実力不足であり、さらに嘉納治五郎直々に彼らが「ニセ講道館員」であることも暴露されてしまった。しかし翌日の10月12日には当初の予定通り二日目の試合が東京座で開催され、10月13日付『時事新報』によれば「前日に倍せる盛況」だったという。

それではその後の巡業の様子と、この巡業が後の異種格闘技戦に与えた影響について見ていこう。なお二日目については10月13日付『時事新報』を主に、適宜10月14日付『東京朝日新聞』の記事も使用して見ていく。なお以下の二日目の試合描写において新聞名未記載の「」は、この10月13日付『時事新報』の記事からの引用である。

二日目第一試合は米国人クレーと「初段」鬼塚の対戦であった。なお全試合が2ラウンドまでしか報じられておらず、二日目からは2ラウンド勝負になったようである。

第一ラウンド、鬼塚はクレーの突きを引き込んでの掬い投げを決めたものの、クレーもすぐさま立ち上がり、「**鬼塚の胸部に四度打撃を加へ**」た。なお『東京朝日新聞』では開始早々、

「鬼塚突然《いきなり》飛び付いて度々足搦《たびたびあしがら》み横仆《よこたお》し大外苅《おほそとかり》を連発し最後に裏投げを試みたるも利かずクレーに引担《ひきかつ》がるるを透《す》かさず後締《うしろし》めに絞めて」と報じられている。両紙が伝える展開は異なるものの、このラウンドは鬼塚25点、クレー4点で鬼塚が勝った。

第二ラウンド、鬼塚はクレーに「**鼻柱を砕かれ出血したるも**」、果敢に攻め入り、クレーの「**横撃**」—フックかボディ打ちであろう—をかわして「**足取り**」を試みた。しかしクレーの反撃を受け、鬼塚は「**横胸を四回撃たれ**」てしまった。こうしてクレーのカウンターに苦しめられるも、鬼塚は「**遂に咽喉輪《のどわ》を締め付け**」て15点を得た。一方、クレーはこのラウンド9点しか得られなかったために鬼塚の勝利となり、二日目は柔道側の勝利からスタートした。

なおこの試合報道には写真やイラストがないため、今度も『対拳式実戦的柔道試合法』から、この試合で使われた技のいくつかを紹介していこう。図6〜9は第一試合で鬼塚が使用したのと同じ技と思われる足絨《がらみ》、大外刈り、裸締め（後締め?）、脚部組付（足取り?）であるが、これらの解説写真からは道着を着ていない相手に対して、いかにして柔道の技を仕掛けていったのかが想像できるだろう。

さて第二試合は前日出場の渡邉（四級）とスミスの対戦となった。第一ラウンド、渡邉は顔面にパンチを受けながらも足取りと掬い投げを、さらにボディに一撃を食らいながらも

図6：足緘腕固『対拳式実戦的柔道試合法』149頁より

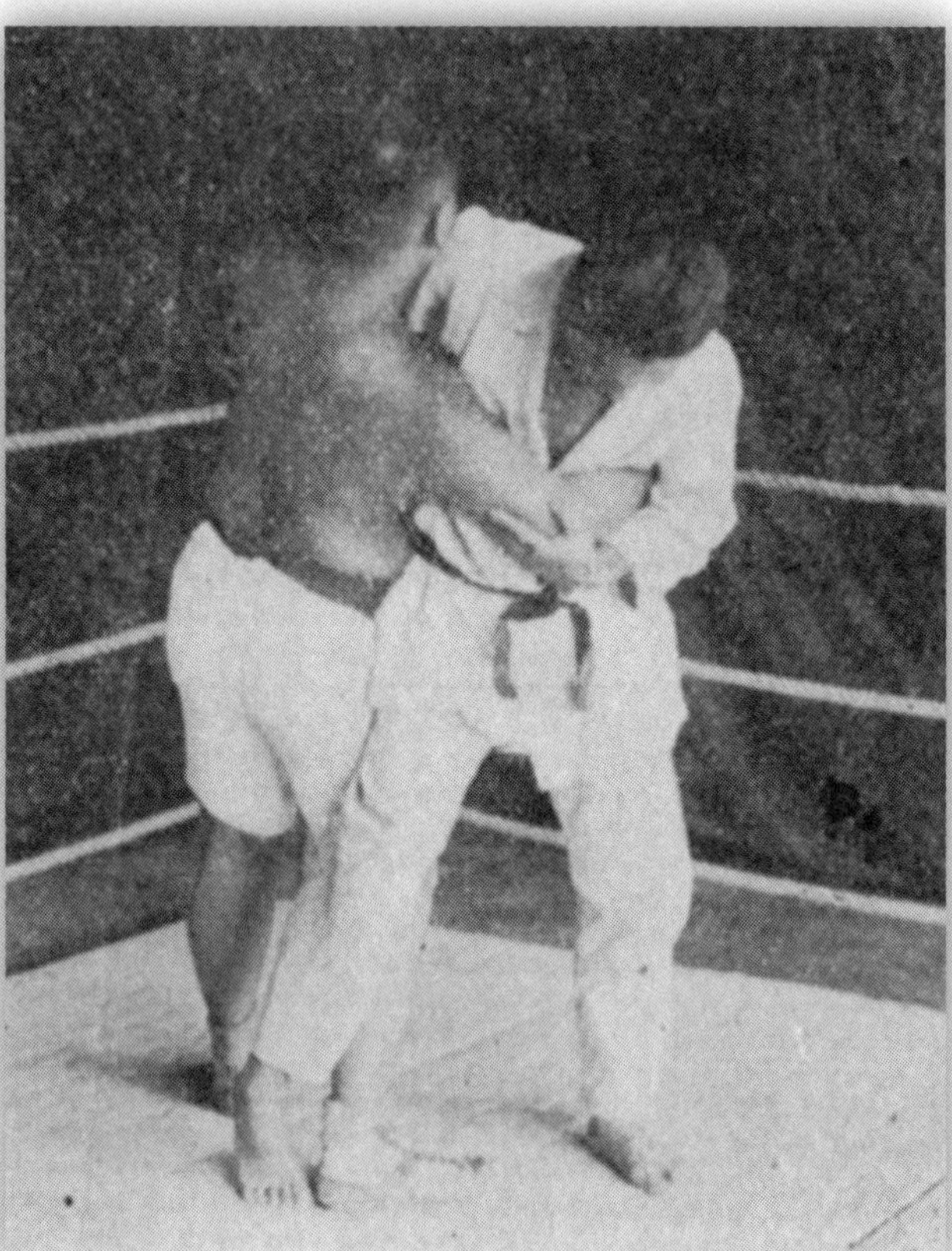
図7：大外刈『対拳式実戦的柔道試合法』111頁より

図8：裸締『対拳式実戦的柔道試合法』125頁より

図9：脚部組付『対拳式実戦的柔道試合法』97頁より

「足逆《あしぎゃく》」―寝業での足関節か―を極め、渡邊10点、スミス6点で渡邊が勝った。しかし第二ラウンド、渡邊は一つも技を極められず無得点に終わった。一方、スミスは渡邊の顔面に一発、胸部に四発のパンチをヒットさせて9点を得、このラウンドを取ったことで第二試合は引き分けとなった。

続く第三試合も前日出場の岡嶋（初段）と巨漢・ハウスの対戦となった。第一ラウンド、岡嶋がハウスの足を狙ったものの失敗、逆にハウスが**「焦燥《あせ》つて撃」**ってきた。しかし岡嶋はそのパンチを**「地に伏して遁《のが》れ」**、さらに足取りを狙っていったものの時間切れ、**「勝負付かず」**でラウンド終了となった。

第二ラウンド、岡嶋は**「仰臥《うつぶつ》（ママ）して敵の打撃を防ぎ」**―仰向けに寝転がってパンチをやり過ごしたのであろうか―つつ、**「隙を見て屡々《しばしば》足取り」**にいったが、ハウスはそれをジャンプして逃れた。こうしてまるでアリ対猪木戦を彷彿とさせる展開が繰り広げられたが、アリ対猪木戦同様、どちらも決定打を決められず試合は引き分けとなった。

なお『東京朝日新聞』ではこの第二、第三試合は**「何方《どっち》も薩張《さっぱ》り物になつて居らず猫に追はれる鼠の如し」**と酷評されており、大きな西洋人ボクサーに小さな日本人柔道家が翻弄されていた様子がうかがえる。

第四試合は飛び入りの「**深川矢田部氏の門弟中村二級**」とクレーが対戦した。第一ラウンド、クレーは中村の顔面に三発、胸部に四発のパンチをヒットさせ14点を得るも、中村はクレーを「**足拂《あしはらひ》にて投倒し**」20点を得て中村の勝利となった（図10）。しかし第二ラウンド、クレーが32点、中村が20点を得たところで、クレーのパンチが中村のみぞおちにクリーンヒットし、中村は「**痛みあり之れにて停止**」となった。

続く第五試合は中村の同門で飛入りの眞喜《まき》がハウスに挑んだ。なおこの第五試合は『東京朝日新聞』の方が詳しいため、こちらで見ていこう。10月14日付『東京朝日新聞』によれば、第一ラウンド、眞喜はハウスの足を取ることはできたものの、「**ハウスの強力《ごうりき》に倒す事が出来ず捻ぢ合ふ中介添《うちかいぞへ》のスミス、クレーの席に赤鬼を押倒**」してしまった。これはルール違反であり試合はやり直しとなったが、再開後、「**投《なげ》られたハウスは満面朱の如くなつて盛《さかん》に打つて懸《かか》り散々に乱打**」をしかけてきた。一方、眞喜はなんとかハウスに組み付いたものの、「**ハウス楽々と俵の如《ごと》く引担《ひっかつ》ぎ力に任せて投げ倒**」した。眞喜はこのパワー・プレイの「**其勢《そのいきほ》ひに呑まれて**」棄権したために、この試合はハウスの勝利となったという。

最終戦となった第六試合、「**本田三段**」—前日クレーを破り、ハウスに敗れた一級の本田氏か—とスミスの対戦となった。第一ラウンド、本田は「**飛込まんとすれば下より叩き起さ**

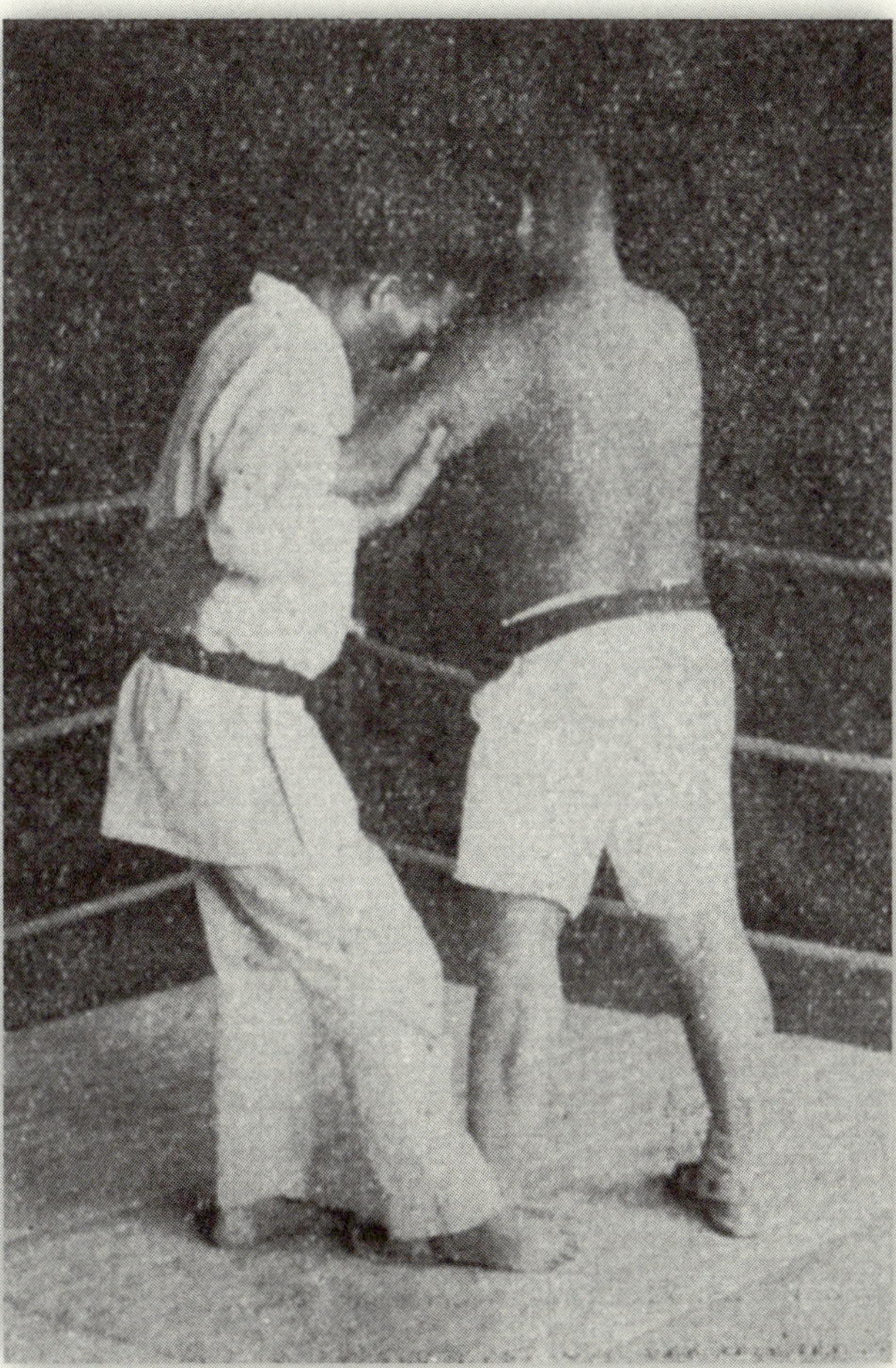

図10：出足払『対拳式実戦的柔道試合法』121頁より

れ遂に面部に一撃」を食らい、続けて数発のパンチを受けたことでスミスに10点を与えてしまった。本田はめげずに「**今度は倒れながら足を延《のば》して敵の足を拂《はら》はん**」―蟹挟みであろうか―とするもこれまた失敗、そのままラウンド終了となった。第二ラウンド、スミスが本田に顔面に3発、胸部に2発のパンチをヒットさせて17点を得た。一方、本田はこれらのパンチを受けながらもスミスの襟首を取って引き倒し、そのまま締めを決めて10点を得、さらに最後に顔面にパンチを食らいながらも投げからの抑え込みをきめて15点を得た。

この試合の結果は『時事新報』にないものの、『東京朝日新聞』には「**最後の本田対スミスは是も到底外人の敵に非ず瞬く間に敗北す**」とあることから、試合はスミスが勝ったようである。

なお『東京朝日新聞』では、この二日目の試合について「**実際の飛入が出たれば前日に比し仕合は稍《やや》活気を呈《てい》したる**」と評価しつつも、出場した柔道家には「**碌《ろく》なのが一人もなく**」、さらに「**敵の足許計《あしもとばか》り覗《ねら》つて後の先を取つて飛込む事を知らず**」とその戦術まで批判している。異種格闘技戦において、組技主体の選手がタックルを狙っていくのは今となっては定石であるが、当時は「未熟」な証拠と見なされたようである。

ハウス、無銭飲食の上、乱暴狼藉
拘留20日の処罰を受ける

こうして二日目の試合は批判されつつもそれなりの盛り上がりを見せて終了し、その後も巡業は東京座にて10月16日の第五日目まで開催された。しかしその内容については10月14日～16日付『時事新報』のみがごく短く報じたのみであった。そして10月17日付『読売新聞』及び『時事新報』でスミス一行が10月17日～20日に横浜の羽衣座において「柔拳試合」を行うと報じられたのを最後に、東京巡業に関する報道は途絶えてしまった。

しかしこの最後の報道から約一か月後の11月14日付『東京朝日新聞』『時事新報』『読売新聞』の各紙に、その後の彼らの消息をうかがわせる以下の記事が掲載された。ここではもっとも詳しく報じている『東京朝日新聞』の記事から、彼らの様子を見てみよう。11月13日の横浜市での出来事である。ある飲み屋で「**六尺豊《ゆたか》の外人**」がビールを飲んでそのまま立ち去ろうとしたため、「**女中《じょちゅう》片山たね（二十）が代金を請求**」した。しかしこの外国人、「**己《お》れは拳闘術の達人なり、代金など請求せば片ツ端より撲り殺すぞ**」とわめき、「**たねの右手《めて》を後方に捻ぢ上げ関節に負傷せしめ尚《なほ》麦酒壜《ビールびん》を板の間に投げつけ乱暴を働**」いたため、店主は真っ青になり裸足のまま加賀町署へ訴えにいった。

この知らせを受け巡査六人が急きょ現場にかけつけたところ、この男は「**己《おれ》は十人力ある拳闘家なり近寄らば撲り殺すぞと仁王の如く突立ち拳を固め**」、取り押さえようとする巡査に殴りかかり、腕や肩に傷を負わせた。しかし「**巡査は屈せず盛んに格闘し遂に機を窺《うかが》つて飛込み柔道を以て投倒し**」、なんとかこの巨漢を取り押さえて署まで連行した。

取り調べの結果、この暴漢は先月中旬、横浜羽衣座での「日独米柔拳試合」に参加したハンス・フレデリックホワイハウス（25）であり、六日前、東京座での「演芸」を終えて二週間後には神戸経由で帰国するつもりであったが、所持金が底をついたために無銭飲食におよんだことがわかった。そしてこの乱暴狼藉により、ハウスは拘留20日の処罰を受けたという。

なお11月14日付『時事新報』では、ハウスは「**二名の友人**」をつれて来店したとあり、スミスとクレーも同様に無銭飲食していた可能性が高い。

この事件からは、初日、二日目と盛況だった東京巡業もその後は振るわず、最後には飲み代すらも支払えないほどの赤字興行となったことがわかるだろう。こうしてなんとも情けない結末を迎えた東京巡業であるが、そもそもこの巡業自体、地方巡業の損失を取り戻すためのものであった。

東京巡業に先立つ10月2日付『東京朝日新聞』によれば、スミスらが来日直後に行った大阪での柔拳試合の後、中国地方や九州の福岡・熊本などの地方都市にも巡業に出掛け、「**相《あひ》も変《かは》らず好評を博し**」たという。しかし「**余り調子に乗りすぎて郡部**」、すなわち田舎の方にまで巡業に出た結果、「**収入減少し折角儲けた金を擦つて仕舞ひ遂に九州に居堪《いたた》まれず這々《はふはふ》の體《てい》にて**」、9月末頃に神戸に逃げ帰ってきたという。

そして神戸であらためて興行主と今後の巡業先について話し合ったところ、今後は「**学生多き東京に打つて出で人気を取戻《とりもど》さん**」ということとなり、興行主が先に東京に出て話をつけ、スミスらを電報で呼び寄せる、という手筈となった。しかし一向に連絡はなく、未納のホテル代もついに50円近くにまでなったところ、スミスらは「**何時の間にかどろんと消えてなくな**」ってしまったために、ホテル側はスミスらを無銭飲食の罪で警察に訴えたという。

スミスらの柔拳巡業がもたらした意義
新格闘技の可能性を気づかせた面も

どうもスミスらにとって「**調子に乗り過ぎて**」損失を出したり、無銭飲食を働いたりは毎度のことのようであった。ゆえに彼らは、ワシントン大卒の武道研究を志す青年とは名ばかりの、「怪しい」興行師たちだったと言えるだろう。加えて、巡業に参加した柔道家たちの中にも「怪しい」人物が紛れ込んでいたようである。たとえば1912年6月23日付『東京朝日新聞』には、「**昨年東京座に於《おい》て外人拳闘家ハウスと闘ひ勝利を得たる柔道初段の剛の者**」の元海兵・武田源次郎（38）が連続放火と火事場泥棒の罪で逮捕されたとある。

それゆえ彼ら「怪しい」人々が集ったこの巡業も、「比較研究」や「帰国の上は本国に柔拳倶楽部を創設」うんぬんは宣伝文句に過ぎず、結局は「金儲け」のための興行だったのかもしれない。しかしこの巡業を観戦した人々の中には、柔道と拳闘を真面目に「比較研究」した上で、この新格闘技の魅力や可能性に気づいた者もいたようである。

たとえば10月13日付『東京朝日新聞』では、拳闘家は鉄拳で顔面を打てば「**眼球飛び出し歯牙血《しがち》を吐いて崩落すると云ふ**」が、手に「**厚き手袋**」をはめているので「**柔道家の命必ずしも危うからず**」、さらに組打ちとなれば「**小手先の自由**」がなく「**牛蝨《だに》の如くに食ひ着いたる柔道家**」の対処に苦心し、「**遂に抑込締《おさえこみし》め、逆《ぎゃく》等の業を食ふやうになる**」など、グローブ着用のデメリットが指摘されている。

一方、柔道家にとっては拳闘家が柔道着ではなくシャツを着ているのは「**大なる不便**」と、ノンジャケットのデメリットも指摘している。

そして、講道館四天王・「鬼横山」こと横山作次郎が手刀で**「敵の顔等を打てば恰も木刀にて打ちし如く皮破れて肉裂くと云ふ」**こと、**「講道館の剛の者」**が多人数を相手に戦う際、**「投げ締め、抑へ等は面倒臭ければ片端より当てる」**こと、そしてこの「剛の者」が馬の額を打って倒したことなどを例に、**「柔道の拳闘的能力」**の高さを指摘し、柔道家に「当身」を禁止したのは**「甚だしい不利益」**と、柔道＝組技のみという通念すら批判されていた。

さらに記事では、パンチが1点や5点、投げが10点となるために、**「拳闘家は柔道家が投げる迄に価値少《すくな》き突業を合せて克《よ》く之に匹敵し得るや否やが見所である」**と、この異種格闘技の観戦ポイントにも言及している。続けて記事では、**「関西地方の試合に於ては柔道家が一本投げる迄に拳闘家は早業にて既に十五点二十点を取つたといふ」**例をあげ、**「柔道家は柔道に強き高段者が必ずしも拳闘家に対して分があるとは云へぬ」**と、異種格闘技戦の勝敗が必ずしも選手たちの「実力」を反映したものではない点まで見抜いていた。

確かにスミスらは「金目当て」で巡業を行ったのかもしれない。しかしこの記事における鋭い考察が示すように、この巡業は異種格闘技戦に関心を寄せる人々に、その用具上やルール上の有利・不利や「見所」、さらにはそれが武術家同士の実力を試す「腕試し」とは根本的に異なる「競技」であることを知らしめたようである。

さらにこの巡業は興行的には失敗に終わったものの、そこで得られた試合や経営のノウハウをもとに、大正時代には「柔拳興行」と呼ばれる日本初の異種格闘技興行が確立していくこととなる。

それでは次章からは、大正時代、浅草や神戸で一大ブームを巻き起こしたこの「柔拳興行」について見ていこう。

第五章 嘉納健治の柔拳興行〈前半戦〉

―大正ニュー・スポーツとしての柔拳試合

柔拳試合、モダン都市・神戸において復活ロングラン興行に！

スミスの柔拳巡業から約2年後の1913年11月6日付『東京朝日新聞』を見ると、主催者・選手名は不明ながら11月5日に有楽座で再び柔拳試合が行われたことがわかる。しかしこの柔拳試合、記事では「**拳闘は離れて闘はねばならず之に対して柔道の方は組附かねば勝目がないから柔拳試合は要するに不得意と不得意の戦ひ河童と猿との喧嘩のやうなものである**」と、さらに同時に行われた「**拳闘の模範仕合**」も「**徹頭徹尾八百《やお》りに八百《やお》つて至つて力の入らぬものであつた**」と酷評されており、またもや大失敗に終わったようである。

こうして柔拳試合はそのまま歴史の影に消えていくのかと思いきや、この有楽座の試合から約6年後―スミスの巡業から数えると約8年後―の1919年10月28日、突如として当時のモダン都市・神戸において復活、その後も次々と興行が打たれていった。この一連の興行は筆者が確認できただけでも、1919年（大正8年）10月から1931年（昭和6年）8月までの約12年間に神戸で28回、大阪で7回、東京で14回開催され、一時期は相撲や「純拳」―「柔拳ブーム」真っ盛りの頃、ボクシングは「柔拳」に対抗して「純拳」と呼ばれていた

―を凌ぐ人気となった。

この章からは、いよいよ本書の「メインマッチ」とも言うべき、このロングラン興行について見ていくことで、戦前日本が生み出した「柔拳」という魅力的かつ風変りな異種格闘技戦の可能性と限界を考えてみたいと思う。

なおこの興行についてはすでに筆者による学術論文『嘉納健治の「柔拳興行」と日本ボクシング史におけるその位置づけ』があるが、本書では論文では描けなかった詳しい試合内容や総合格闘技史におけるその位置づけについて見ていこう。

興行の主催者、嘉納健治とはいかなる人物か

まず初めに、この興行の主催者である嘉納健治（1881あるいは1883～1947）のプロフィールから見ていこう。この嘉納氏、実はあの柔道の創始者・嘉納治五郎の甥にあたり、神戸は御影の『菊正宗』で有名な嘉納家・嘉納治一の次男であるが、東京に住むある医者の養子となり、独協中学でドイツ語を学んでいたという。

こうして嘉納治五郎と同様、インテリの道を歩むかに思えた健治であるが、なんと船員からピストルを手に入れて猛練習、長じて「ピス健」の異名を取るほどの腕前になった。この彼のヤンチャぶりに手を焼いたためか、嘉納健治は一時期、禅寺並みの厳しい規律で知られた嘉納治五郎の私塾・嘉納塾に放り込まれたという。しかし彼はそこも飛び出して御影に帰ってしまったのであった。そしていつの間にやら任侠界や興行界に名を轟かせる「大親分」となり、さらに後には西日本を本拠地としたボクシングクラブ「大日本拳闘会」(通称「大日拳」)の会長として、黎明期の日本ボクシング界を牽引する「パイオニア」の一人となった。

このプロフィールは、学生時代は慶應大学ボクシング部主将として活躍し、卒業後は国民新聞社の記者としてボクシングの紹介と普及に努めた石川輝(1904〜1987)による『拳闘レコード』(1931年)、洋書を通じて独学でボクシングを学んだ異色のボクサー・真田七三朗(生没年不明)による『拳闘のABC』(1933年)等、嘉納健治と親しかった人物らによる著作、そして任侠小説の大家・藤田五郎(1931〜1993)による『任侠百年史』、「ボクシングマガジン」元編集長の山本茂(1937〜)による『ピストン堀口の風景』など、綿密な取材に基づく戦後の出版物から構成したものであり、十分信用に足るものと思われる(詳細は拙著論文を参照のこと)。

ちなみに日本ボクシング史の「通説」によれば、日本に本格的にボクシングを広めたのは「日本ボクシングの父」こと渡辺勇次郎（１８８９〜１９５６）とされている。しかし後に見ていくように、１９２２年５月７日に靖国神社の相撲場で開催された彼の「日本初」とされる「純拳」興行は嘉納健治の協力を得たものであった。さらに戦前の日本ボクシング界は渡辺とその元・門下生による東京勢と、嘉納健治の「大日本拳闘会」を筆頭とする関西勢が時に争い、時に協力しあうことで発展していった。

たとえば前述の山本茂著『ピストン堀口の風景』によれば、1941年5月28日、戦前一の名勝負といわれたピストン堀口と笹崎僙《たけし》との「世紀の一戦」が両国国技館で行われたが、この試合は東西の対立を超え、嘉納健治が最終的には国技館の使用に同意することで実現したものである（これら嘉納健治の日本ボクシング界への貢献については拙著論文を参照のこと）。

この嘉納健治と柔拳とのかかわりについては、当時から多くの雑誌で編集長として活躍し、在野の文化史研究者としても著名な石井研堂（１８６５〜１９４３）著『明治事物起源』のボクシングの項に収録されている、嘉納健治への以下のインタビュー（３１８〜３１９頁）から知ることができる。

明治四十二年頃、講道館の名物男だつた、紺野《(ママ)》君が、横浜在住の拳闘外人と、日本最初の柔道対拳闘の一騎打をやつて一勝一敗に終つたことがあつた。成る程これは面白いスポーツだと感じ、翌四十三年、神戸に上陸したヱール大学出身のスミスといふ外人を、御影の私の道場に引張つて来て、柔道をやらせて見やうと計画した。それで、最初大阪難波の相撲場の跡を借りて、リングと為し、まあ柔拳の試合といふところまで漕ぎ付けた《ママ》、その後、神戸に上陸する外人で、暇ある連中を、どし〳〵御影の道場へ連れて来て、懸命に拳闘術の習得に勉めた《(ママ)》、いや全く真剣だつた《(ママ)》、今でも自分の鼻柱は折れてグニヤ〳〵だが、当時はグローブが無く、後になつて、野球に使ふマスクを使ひ始めたやうな始末だつた。

柔拳試合などは、時期尚早だと思つたので一時断念した。それから約七八年過ぎて、大正九年、欧州大戦後の好況時代を迎へ、ふとしたことから、柔拳試合を復活したところ、毎会の催しは、札止めの盛況だつた。

一方柔拳試合の興行価値の満点に目を着けた各地の興行師が、制限なく催したのに禍され、選手が芸人気取になつて来たので、自分は憤然として手を引いた。

1911年10月13日付『東京朝日新聞』の記事を確認すると、スミスらは「**大阪の吉野某**」と「**神戸の侠客ピストル健次**《(ママ)》」らの「**肝煎にて**」東京は神田の東京座で興行を行ったとあり、このインタビュー通り、嘉納健治がスミス巡業の「仕掛け人」の一人であったことが確認できる。

さらにこのインタビューからは、若き嘉納健治が第三章で扱ったあの「横浜柔拳」に触発されてボクシングを学び始め、後に自ら柔拳興行をプロモートしていった経緯が確認できる。あの明治の異種格闘技戦を固唾をのんで見守っていた若者の一人が、後にそれを担う中心人物になったとは。なんとも歴史のロマンを感じさせる話であるが、しかしこのインタビューでは「時期尚早」として断念していた柔拳試合を、大正の中頃に突如として―景気の後押しはあったにせよ―再開した理由については具体的に述べられていない。

ボクシングの知名度と人気を高めるための作戦が大当たり

前述の石川輝著『拳闘レコード』によれば、1916〜1918年頃、東京の「モダン・ボーイ」や不良少年の間で見よう見まねの「**自己流**」（5頁）ボクシングが流行し始め、

1919～1920年頃には活動写真、特にボクシングをたしなむ主人公が活躍する西部劇や連続活劇の影響で、ボクシングに憧れる者が急増していったという。

しかし当時、ボクシングはまだ一般的には知名度が低く、とても「純拳」だけで興行を打てる状況になかったようである。そこで前述の真田七三朗『拳闘のＡＢＣ』によれば、嘉納健治はこのボクシングを「**最も早く人々に理解させるには、柔道と拳闘と云ふ勝負の形式に用ひた方が好いと考へ**」（11頁）、まずはすでに知名度・人気とも抜群の柔道との対戦を通じて、ボクシングの知名度と人気を高める作戦に出たという。

この作戦は大当たりし、柔拳の一大ブームを巻き起こしたが、石川輝の『拳闘のレコード』によれば、この異種格闘技戦を通じて「**関西地方に於ける大衆は漸次拳闘といふものを理解し……観衆も段々に柔拳試合では満足しなくなつて来た。拳闘と拳闘との試合、之を熱望する声は次第に高まつて来た**」（5頁）頃を見計らい、嘉納健治がいよいよ「純拳」興行に本格的に着手することで、日本ボクシングの歴史が始まったという。

すなわち、嘉納健治がこの大正中期に突如として柔拳試合を再開したのは、柔道対ボクシングの試合を通じて人々にボクシングに対する理解を深め、ボクシング普及の土台を作るためだったというのである。確かに前章で見たように、スミスらの柔拳試合を報じた新聞記事では、柔道との比較を通じてボクシングの特徴を理解し始めており、それゆえこの普及戦略は知名度・人気の向上の点において効果的だったと言えるだろう。

しかしこの普及戦略は、嘉納健治のボクシング関係者により、日本にボクシングが十分根付いた後に語られている点が気にかかる。少しうがった見方をすれば、この戦略を語ること自体、「純拳」から見れば異端的で風変りな「柔拳」興行をかつて手掛けていたことに対する、嘉納健治やその関係者のエクスキューズだった可能性も捨てがたい。

しかしそうだとすると、嘉納健治が突如として柔拳興行を再開した理由はますますわからなくなる。いったいなぜこの時期に、彼は柔道とボクシングを「興行」という、いわば公衆の面前で戦わせてみようとしたのであろうか？　この疑問に答えるためにも、さっそく彼の仕掛けた興行について見ていこう。

世界各地から強豪選手が神戸の地に集う
柔道有段者らが迎え撃つ

この「嘉納健治の柔拳興行」の初興行となる第一回神戸大会は、数多くの演芸場や劇場、寄席が密集し、「西の浅草」と呼ばれた神戸の繁華街・新開地の「聚楽館《しゅうらくかん》」で、1919年10月28日から31日まで開催された。和田克己編著『むかしの神戸』によれば、この聚楽館―神戸っ子には「しゅうらっかん」と呼ばれた―は、東京の帝国劇場をモデルに建設された地上三階、地下一階で冷暖房完備、屋上には三千燭光の大アーク灯が夜の街を照らすという、当時の新開地を代表するモダンな鉄筋の洋風建築であったという。

なお図1～3は神戸市文書館が所蔵する聚楽館および新開地の当時の写真である。これらを見てみると、柔拳興行がモダン都市・神戸の中でもひときわ賑やかな場所の、もっとも「ハイカラ」な近代劇場で繰り広げられたことがわかるだろう。なお一連の柔拳興行には第～回といったナンバリングはないものの、本書では便宜上、開催地と開催数に応じて、第～回神戸大会のように記述することとした。

さて当時の新聞を見ると、やはりこの風変りな興行は人々の興味を引いたようで、たとえば以後、盛んに柔拳興行に関する記事を掲載していく地元紙『神戸新聞』にはその第一報として、1919年10月23日に以下の記事が掲載された。

図1：初代聚楽館（大正２年）　神戸市文書館提供

図2：聚楽館（昭和初期）　神戸市文書館提供

図3：聚楽館のあった新開地。絵葉書「劇場櫛比せる湊川新開地の賑ひ」より。
（昭和初期）　神戸市文書館提供

拳闘選手来る　阪神柔道家と試合

露国ペトログラード拳闘倶楽部の世界一の拳闘選手サンマッカリッチユ（二五）同コハンコ（二七）英国拳闘家ウイリハンダーソン、フワウラネルソン氏の五氏は来る廿八日来神《らいしん》当地聚楽館《しうらくくわん》に於て四日間阪神柔道家と拳闘試合をなす由尚《よしなお》目下滞在中のチヱック軍よりも選手を出して飛入試合をなし同軍は亦音楽隊を寄附すべしと

この記事で紹介されている「世界一の拳闘選手」サン・マッカウィッチは、柔拳興行の最晩年にまで出場し続ける「古参」の選手の一人となっていく。また同じく地元紙の1919年10月25日付『神戸又新日報』には、出場選手は「ネルリン氏、ファウラー氏」となっており、上記の「フワウラネルソン氏」は2名の選手名であることが確認できる。

さらに10月26日付『神戸新聞』の続報によれば、ボクサー側の参加者が「**英露両国拳闘家十数名**」に増えたのみならず、現在、九州別府温泉にて静養中の「**八寸釘にて一寸五分板を紙を貫く如く突通し又は廿余貫の大男を片手にて差上ぐるといふ怪力を有**」する「**世界的巨人ケー・マックス氏**」からも参加申し込みがあったという。

このK・マックスなる人物、記事を読む限りではおそらく「怪力男（strongman）」と呼ばれた者だったと思われる。怪力男とは、当時、英国のミュージック・ホールなどで、力技を披露していたショー・マンたちであり、レスリングやボクシングに秀でた者も少なくなかった。このように初興行に参加する選手たちは、ロシアやイギリスのボクサーだけではなく、「怪力男」といったやや怪しい男たちも交えた混成メンバーであった。

一方、1919年10月28日付『神戸新聞』によれば、柔道家側は「**三段を筆頭に二段初段等既に十数人の申込**」があり、さらに「**飛入《とびいり》**」として「**二段音田《おとた》吉蔵《きちぞう》氏**」「**二段大久保孫《まご》三郎氏**」をはじめ、岩田善《ぜん》四郎氏、中島賢治氏、渡邊利長《としなが》氏、山口光義《みつよし》氏、澤田政一氏ら数名から出場申込みがあったという。

なおこの記事では「**本競技は人種観念より将又《はたまた》国際的競技の責任上痛快な試合が演ぜられる事と思う**」とあり、初興行の時点から「人種観念」、すなわち西洋人対日本人との試合が一つの目玉になっていることがうかがえる。ちなみにこの試合の観覧料は「**特等五円、一等三円、二等二円、三等一円、四等五十銭**」であった。

こうして柔拳興行には世界各地から強豪選手が神戸の地に集い、柔道の有段者らも彼らを迎え撃つべくかけつけ、開幕前からなにやら熱戦が期待できるものであった。

新聞メディアに好んで取り上げられ「競技スポーツ」として認知されていく

それでは、いよいよその内容について見ていこう。なおこれ以降、新聞からの引用が多岐にわたるため、［新聞名 年・月・日］と出典を明記し、新聞名も、神戸又新日報→又新日報、大阪朝日新聞・神戸附録／神戸版→朝日・神戸版、東京朝日新聞→東京朝日などに略している。また同じ段落で引用した新聞の発行年が同じ場合は初めに引用したもののみ年を示し、以降は日付のみ記載した。

第一回神戸大会は1919年10月28日～31日に行われたが、大会前の各紙には「**▼柔道家は眼に指を突入れざる事▼当身を封ず▼睾丸を握らざる事▼拳闘家は足にて蹴らざる事▼組合中噛み付かざる事▼成る可く眼球を突かざる事**」（神戸新聞 1919・10・25）とあり、柔拳興行が詳細な禁止事項を設けた、安全性にかなり配慮した大会であったことがわかる。

さらにポイント認定も「**▲柔道家　投げ十点、押込、逆、締め五点▲拳闘家　顔面十点、胸部五点（離れたる時）顔面五点、胸部一点（組合中）**」（又新日報1919・10・27）と、これまで常に物議を醸しだしてきた「**クリンチ中（組合中）の打撃**」のポイントを低くするという工夫が見られた。これらの試みからは、この興行が安全かつ公平な「競技」大会を目指していたことがわかるだろう。

なお大会初日翌日にあたる1919年10月29日発行の『神戸新聞』の原紙が見つかっておらず、『神戸又新日報』にも記事はなかったために、初日の様子については不明である。しかし大会二日目に関しては「**国際大競技拳闘と柔道の大会は互**《たがひ》**にその蘊奥**《うんおく》**の技を戦はし観客をして熱狂せしめ連日場取**《ばとり》**の申込続々あり**」（神戸新聞1919・10・30）と、三日目に関しては「**立錐**《りっすい》**の余地なき大盛況を呈しつゝある**」（神戸新聞 10・31）と報じられており、この初興行はまずまずの滑り出しだったようである。

この成功に手ごたえを感じたのか、約三か月後の1920年2月1日～5日には再び聚楽館で第二回大会が開催された（図4）。この大会以降、柔拳興行は『大阪朝日新聞』の「神戸附録」という数ページの地方版（1925年4月1日からは『大阪朝日新聞・神戸版』に改名）でも報じられるようになり、地元メディアが好んで取り上げる「名物興行」の一つとなっていく。さらに各紙ではしばしば図5のように前日の試合結果が掲載され、柔拳興行は世間からは「競技スポーツ」として認知されていった。

またこの大会では拳闘側は顔面・胸部への打撃が離れた状態ではともに5点に、組合っ

図4:（右）谷口二段、（左）サンマカレツケ。第二回大会の前日に報じられた記事（神戸新聞1920.1.31）

ネルソン
五日最後の
には優勝者に金
メタルを贈る第二日目の勝負左の如し
四〇對スミス四二
サイコロン二三、村井對マカ
ツチ五三、月の出

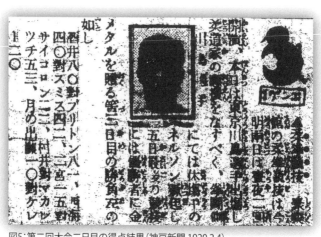

図5：第二回大会二日目の得点結果（神戸新聞 1920.2.4）

た状態ではともに1点に変更されたが、おそらく前回大会での試合展開を踏まえて、ポイントの調整が行われたのであろう。さらに今大会を契機に、「**五日最後の競技には優勝者に金メタル《ママ》を贈る**」（神戸新聞1920・2・4）といった表彰や懸賞の制度も始まり、柔拳興行はその場限りで勝敗を争う「腕試し」から、記録化された競技成績をトータルで争う「競技会」としての体裁を整えていった。

主催団体を通じて選手育成と大会運営を行うシリーズ興行に

こうして名実ともにモダン都市・神戸を代

表する「ニュー・スポーツ」となっていった柔拳興行であるが、今大会には国内外からさらに多くの選手が集結した。たとえば拳闘側では「**先のネルソン氏以上の技量を有する**」（朝日・神戸版　1920・1・31）という「**紐育**《ニューヨーク》**拳闘倶楽部の一流選手**」（神戸新聞　1・31）である24歳のシャール・サイクロンと25歳のジョン・ケレーが新たに加わった。一方、柔道側では東京からは川島兄弟、大阪からは東郷、そして「**この競技に経験を有せる第一人者吉野秀雄氏**」（朝日・神戸版　2・1）らが参戦したが、前者の川島と東郷は後に柔拳の主力選手となっていく者たちであり、後者の吉野は九年前のスミス一行の東京巡業で世話役兼選手だった人物である。

なお今大会には大阪から「**力士有知山**」（朝日・神戸版　1920・2・5）が参戦しており、さらに1920年2月4日付『神戸又新日報』掲載の試合結果を見ると、「**月の出関**」なる選手が新人選手ケレーに10対20ポイントで勝利したとある。なおこれらの対戦で「特別ルール」が使用された形跡は確認できないため、力士側には柔道選手と同じルールが適応されたのかもしれない。

この両力士については1920年5月21日付『神戸又新日報』の大阪夏場所・千秋楽の試合結果に「**勝　有知山（よりきり）　負　松□（松錦?）**」「**勝　西の森（はたきこみ）　負**

月の出」とあることから、現役の力士だったことがわかる。また1920年2月1日付『神戸又新日報』には、「**聚楽館西手空地に於て今一日より三日間興行の大阪大相撲**」とあり、第二回神戸大会の期間中、すぐ隣で相撲興行が行われていたことがわかる。これらの記事からは、柔拳興行に参加していた力士たちは、いわゆる「大阪相撲」の者たちだったと見ていいだろう。

1910年出版の佐々木由治郎著『大阪相撲：大日本』によれば、大阪相撲の始まりは元禄5年（1692年）にまでさかのぼるという。しかし明治以降、東京との実力・人気の差が著しくなり、1927年には解散してしまうこととなる。その大阪相撲の力士たちが柔拳興行に参戦していた理由は定かではないが、衰退著しい大阪相撲に見切りを付け、「ニュー・スポーツ」の柔拳競技で再出発を図ろうとしたのかもしれない。

ちなみにこの第二回大会の試合結果であるが、1920年2月2日・4日・5日付『神戸又新日報』掲載の得点から計算すると、拳闘対柔道の勝利数は、一日目は拳闘3勝・柔道2勝、二日目は拳闘3勝・柔道0勝（勝敗不明1）、三日目は拳闘2勝・柔道3勝となる。四日目、五日目の得点は掲載がなく不明であるが、少なくとも三日目までは拳闘側が優勢だったことが確認できる。

続く第三回神戸大会は約3か月後となる1920年5月23日～31日、今度は湊川神社前にある日本劇場―のちに八千代座に改名―に会場を移して開催された。なお1925年発行の『演劇年鑑』によれば、当時、聚楽館の収容人数は1200人、この八千代座（旧日本劇場）の収容人数は1800人とあり、この会場も神戸を代表する大劇場だったことがわかる。

今大会で注目すべきは、この大会を機に「柔拳倶楽部」が設立された点である。1920年5月22日付『大阪朝日新聞・神戸附録』の記事によれば、これまでの大会の成功を受け、「**嘉納健治氏は学生其他多数の希望に基き今回柔拳倶楽部を神戸に設置する事となり教師として柔道有段者数名と新に来朝せる拳闘家数名を招聘**」することになったが、その新設クラブの「**披露**」として、今回の大会が開かれることとなったという。こうして柔拳興行は早くも第三回目にして、大会ごとに主催者が選手を集める単発的なスポーツ・イベントから、主催団体を通じて選手育成と大会運営を行う制度化されたシリーズ興行へと移行していくこととなった。

さらに国際色豊かになる参加選手たち異種格闘技戦への適応

さらに第三回目を迎えた本大会では、各紙で「**柔拳双方の選手共に試合に馴れ殊に強**

敵ネルソン、マカレイウッチの如きは柔道家のコツを呑込み居れば侮り難く」（神戸新聞1920・5・22）、「**柔道家側選手清川君は数度の試合にて全く拳闘に対する呼吸を呑込み**」（又新日報 5・28）といった報道がなされるようになり、選手たちが徐々に異種格闘技戦の要領をつかみだしてきた様子がうかがえる。

そして今大会ではこれらレギュラー陣のみならず、さらに多くの新人選手が参戦して大会を盛り上げた。たとえば初日からはイギリス出身のウィリアム・オーガン及び「**柔道の心得もあり且つ膂力も優れたる好敵手**」（又新日報 1920・5・22）ジーミー・バルンス（ヂーミー・ボルンス、シミ・バルンスとも）、ポルトガル出身のゼー（Jか？）・シーザー、アメリカ出身のセック・アルトマン（アルトマーとも）が、三日目からはアメリカ人のメックテルも参戦し、柔拳興行はさらに国際色豊かなものとなっていった。なお彼らをはじめとした外国人選手の名前は各紙で微妙にズレが見られるものの、本書では便宜上、現在から見てもっとも一般的と思われる表記で統一することにした（図6）。

加えて、今大会でもさまざまな異種格闘技戦が行われた。たとえば1920年5月25日付『神戸又新日報』には「**番外飛入**」として「**レスラー（坡） アーツール、ベースルコフ氏**」と「**大阪力士 源氏山氏**」の試合結果（引分け）が、翌日の同紙には「**レスラー飛入ベース**

図6：新聞紙上において紹介された柔拳試合大会の出場選手たち

各新聞紙上において紹介された、海外から来日した出場選手たちの顔写真。写真のキャプションには、上段右から「拳闘家の大立物 ネルソン」「新來拳闘家ウイリアム」、下段右から「新來拳闘家ゼーシザー」「拳闘家アルトマー」とある。

●ウィリアム
（神戸新聞1920.5.22）

●ネルソン
（朝日・神戸版1920.5.23）

●アルトマー
（神戸新聞1920.5.23）

●ゼーシザー
（朝日・神戸版1920.5.22）
（※他社の新聞においては、「ゼー・シーザー」と表記されるものも）

ルコフ氏対柔道家飛入小島氏とのレスリング試合」との記事―こちらも引分け―が、そして

さらに翌日の『神戸新聞』及び『大阪朝日新聞・神戸附録』にはボクサーのネルソンと「**若山関**」との試合結果が掲載されている。このように第三回大会ではルールは不明ながらもレスラー・ボクサー対力士の異種格闘技戦が、さらにはレスラー対柔道家のレスリングマッチも実施されており、この興行が「柔拳」を中心にしつつも多様な異種格闘技戦の場となりつつあることがわかる。

なお1920年5月下旬～末の『神戸新聞』『神戸又新日報』『大阪朝日新聞・神戸附録』などの各紙に掲載された五日目までの試合結果によれば、引分・中止などを除いた拳闘対柔道の勝利数は、初日は拳闘3勝・柔道3勝、二日目は拳闘1勝・柔道4勝、三日目は拳闘2勝・柔道2勝、四日目は拳闘3勝・柔道4勝、五日目は拳闘2勝・柔道4勝、合計で拳闘11勝・柔道17勝と、第三回大会は柔道側の圧勝となったようである。

この圧勝も後押ししたのであろうか、この第三回大会は初日の日曜日から連日大入りとなり、当初は29日までであった開催期間が一日、日延べ（延長）する大当たりの興行となった。なお日延べされた30日の最終日には、吉野秀雄を総大将とする柔道チームと最優秀成績を獲得したネルソンを総大将とするボクシングチームとの両軍対決となったが、結果は五点差で

柔道チームの勝利となった。また1920年5月31日付『神戸又新日報』には、**「今三十一日も日延して重《おも》に(ママ)飛入有段者の白熱的試合を演ぜしむと」**あり、さらに一日延長したようである。

ついに東京へ進出
さらにその後、「柔道対相撲」の興行も開催

こうして早くもブームの兆しが見え始めた柔拳興行であるが、この第三回大会から約一か月後の1920年7月3日〜7日には東京の本郷座において、初の東京進出を果たした。以後、確認できただけでも14回、東京で柔拳興行が開催されているが、それらは一〜二か月の間に芝居小屋や劇場を転々としながら行う巡業スタイルの大会であり、その期間中、東京の各紙には宣伝広告が掲載された。なおこの東京巡業の試合内容に関する報道は未発見であるため、本書ではそれら広告中の見出しや煽り文句を用いて考察していくこととする。

第一回東京巡業の広告は1920年7月2日・4日付『東京朝日新聞』に掲載されたが、いずれも文字のみのシンプルなものであった。その内容を見ると、この大会ではイタリアの

音楽家「**ビーバニスニック師**」（東京朝日 1920・7・4）や「**曲芸的舞踏家**」（同 7・2）のロバートソン夫婦、「**花形舞踏家**」（同 7・4）のマリア譲などの「**特別出演**」（同 7・2）が行われるとある。後の柔拳興行においても、しばしば「怪力」や「体操」などの体育系の演目が行われることはあったが、このような芸術系の演目はこの大会のみである。

さらに広告には出場選手は「**拳闘家　英、米、独　各国人数十名　柔道家　東京、横浜出身柔道家**」（同 7・2）とあり、具体的な選手名は記されていないものの、拳闘家＝外国選手というアピールだけはしっかりと行われている。これらの広告から察するに、柔拳興行は東京では、はじめは西洋音楽やダンスと同様、「舶来モノ」の外国人ボクサーを見せる物珍しい「ショー」としても売り出そうとしていたのかもしれない。もっともこの約3か月後には、東京において約一か月間にわたる異種格闘技戦のみでの長期巡業が開催されており、この「ショー」路線はこの時点では立ち消えになったようである。

そしてこの東京巡業から約一か月後の1920年8月13日〜19日には、神戸の日本劇場において「**柔道対相撲**」の興行が開催された。この興行は「**最近運動及び武術の一般的研究上局面の異《ことな》る技術と技術の競技の盛んとなりつゝありその結果……大阪相撲有知山、六甲山以下十数名**」（神戸新聞 1920・8・13）を集め開催されたものであり、主催者不明ながら、柔拳興行の本拠地・日本劇場での開催、大阪相撲の力士の参戦、紙面報道における柔拳興行との頻繁な比較などを考えると、この興行も嘉納健治によるものと思われる。

この興行には東京と大阪の幕内20余名が出場し、柔道家たち―選手名は不明―との熱戦が繰り広げられたが、特に「**初日以来土付かずの有知山を倒さんものと飛入の柔道家が必死となるなど柔拳以上の壮快味があると**」（朝日・神戸版 1920・8・19）、柔拳興行の出場選手でもあった大阪相撲の有知山が活躍を見せた。

なお試合は「**一柔道家は力士の結髪に手を懸けざる事　一当身、蹴、足逆を封ず　一力士は頭突、張手、鉄砲を封ず柔道家は投げ、押へ込、締、腕逆（押込は三十秒）力士は抱出し、投げ**」（神戸新聞 1920・8・13）と組技のみで争われ、「**巧く極まれば抱へ出しと巴投げ、双方ソレに引掛るまいと懸命に揉み合ふところは拳柔競技にも見られぬ面白さ**」（朝日・神戸版 8・15）があったという。

こうして嘉納健治は「柔拳ブーム」を生み出していったが、彼がなぜこの時代に「対柔道」の競技を開催したのかはまだ見えてこない。それでは続いて、その謎に迫っていこう。

日本人武道家側からの研究
ボクサーとの対戦を武道の発展に繋げる

それでは、そもそもなぜ嘉納健治がこの時期にさまざまな異種格闘技戦を開催するようになったのかを、当時の日本武道界の文脈から読み解いていきたいと思う。

はじめに、まずはその後の柔拳興行の様子から見ていこう。東京初進出から約3か月後の1920年9月22日～26日には明治座、9月27日～28日には南座、10月11日～17日には本郷座（図7）において、二回目となる東京巡業が行われた。この巡業も詳しい報道はなされていないものの、その初日前日にあたる1920年9月21日付『読売新聞』に掲載された大会広告（図8）には「学生及好武家諸賢に告ぐ」と題する以下の告知文が書き込まれていた。

柔道と拳闘大会は我が武道の真髄と其趣味の普及を計るを目的となし外人拳闘倶楽部と特殊の関係を結び講道館武術会出身者と拳闘に対する柔道の真面目なる研究を続け東西国技の長短を講究したる我国唯一の大結団にして龍攘虎搏の白熱兵戦を以て武道を鼓吹するもの奮つてご来館を切望す

図7：柔拳興行二回目の東京巡業の際に会場として使用された本郷座（瀬川光行編『日本之名勝』史伝編纂所、1900年、74頁）『国立国会図書館デジタルコレクション』から転載

この告知文で注目すべきは、柔拳興行が「**我が武道の真髄と其趣味の普及を計るを目的となし……拳闘に対する柔道の真面目なる研究を続け……武道を鼓吹するもの**」とされている点であろう。一見すると、これは「武道研究」のために異種格闘技戦を開催するという、スミスらの巡業でも見られたような主張―あるいは木戸銭（入場料）を徴収して「武道の試合」を見せることへの弁明―とかわらないように思える。

しかし決定的に異なるのは、これまでの主張は「外国人ボクサーが日本武道を研究する」という趣旨で

図8：読売新聞に掲載された「柔道と拳闘」と題された告知記事（読売新聞 1920.9.21）

あったのに対して、今度の柔拳興行での主張は「日本人柔道家がボクシングを研究する」という趣旨となっている点である。しかも「白熱兵戦を以て武道を鼓吹するもの」ともあり、ボクサーとの対戦がそのまま武道の発展につながるとさえ主張している。いったい、これはどういうワケなのであろうか？

その答えを知るために、続けて次の大会の様子を見ていこう。この第二回目の東京巡業から一週間も経たない１９２０年10月22日～31日には、日本劇場において第四回目となる神戸大会が行われた。この大会は毎大会ごとに詳細な試合記事を掲載してきた『大阪朝日新聞・神戸附録』の「神戸附録創刊二十周年記念」（朝日・神戸版　１９２０・10・25）として開催されたものである。そのため、同紙に折り込まれた「朝日割引券」を持参すると入場料が割引され、同紙の紙面にも連日特集記事が組まれるなど、大阪朝日新聞社の大々的な支援を受けた大会となった。

これらのサポートのお蔭か、今大会は開幕前から「**主催者は飛入選手の割当と場取申込の応接にゴツタ返してゐるさすでう**《（ママ）》」（朝日・神戸版　１９２０・10・22）といったありさまとなった。そして開幕初日には正午頃から場所取りの客が集まりだし、午後四時頃には例の「朝日割引券」を持参した観客が多数詰めかけたため、開場前に早くも満員御礼となった。さらに初日のうちに第2日目の特等席も予約済みとなったという。

また今大会の出場選手はこれまでにない豪華メンバーとなった。たとえば柔道側は川島兄弟、本田、東郷、清川らの常連メンバーに加え、出羽の海部屋出身で近頃、「**柔道を研究（初段格）**」（朝日・神戸版 1920・10・21）しているという東京力士の「**小島洋**《こじまなだ》」（朝日・神戸版10・21）も出場し、拳闘側を苦戦させた。

ボクサーたちの新ユニフォームなど
試合をより白熱させるための工夫

一方、拳闘側はロシア人・マッカウィッチとイギリス人・ネルソン、ポルトガル人・シーザー、オランダ人・ピーター及びケース、イタリア人・コーナ、フランス人・アイソップら7選手が、さらに米国拳闘団からヘーガン、エンドソン、ホセロハ、モントネグロ、レッドモンド、ブラウンの6選手が出場しており、かなりの数の外国人ボクサーがこの大会に出場した。

これらの選手のうち、マッカウィッチとネルソンは第一回神戸大会から、川島兄弟、東郷、清川らは第二回神戸大会から、本田、シーザーらは第三回神戸大会から出場しているレギュラー陣であるが、以下の1920年10月21日付『大阪朝日新聞・神戸附録』の記事からうかがえるように、彼らの中にはすでに柔拳興行の「スター選手」として注目を集める者もでてきた。

川島氏の如きは流石に斯界に於ける覇者だけあつて東京明治座に於ける最終日に新手の「ワザ」を二手考へ出し之を今回の競技に於て試みるさうです、又マツカレツチ氏も彼の猛烈な拳闘力の上に柔道の手を研究しつゝあるので其の強みは驚くべきものがあり今日では、ネルソン氏以上と評されてゐます然しネルソン氏は「ワザ」に長けた人、相変《あいかは》らず柔道家を悩まし東京でも好成績を収めたさうで今回も結束して起つた柔道家側との間に面白い勝負を見せる事でありませう

加えて、今大会からボクサーたちには統一したユニフォームが支給されたが、これにより試合はよりわかりやすく、かつエキサイティングさせるものとなった。1920年10月23日付『神戸新聞』によれば、このユニフォームは「**従来の経験より拳闘家のユニホームを柔道着を応用して作りしものと改め**」たものだという。図9と図10は『大阪朝日新聞・神戸附録』

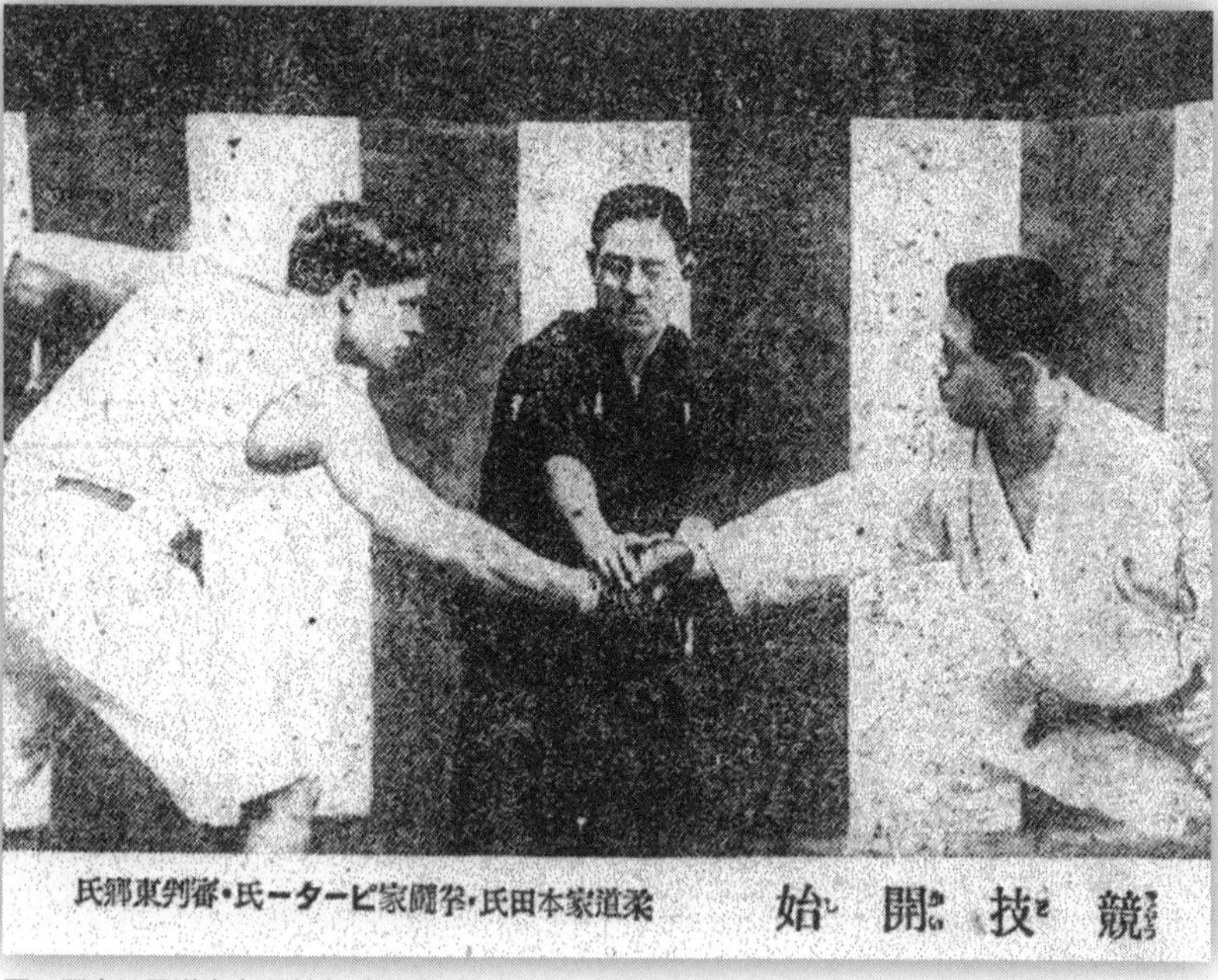

図9：写真は柔道家本田（右）、拳闘家ピーター（左）、審判者東郷（朝日・神戸版1920.10.23）

図10：控室における選手の集合写真が掲載されている記事（朝日・神戸版1920.10.24）

に掲載された柔道家本田・拳闘家ピーター・審判者東郷を映した写真と、控室での全体写真である。これらを見ると、拳闘家はランニングシャツのようなものに半ズボンを着用しており、ベルトらしきものを捲いていることが確認できる。写真からはシャツの厚さはわからないが、報道では「**柔道着を応用して**」とあることから、引っ張っても破けない程度の厚みがあるものだったのだろう。

このユニフォームで柔道家と対戦したとすれば、柔道家はノースリーブのために袖口をもった足払いが困難となり、襟がないために多くの絞め技や固め技が使えなくなる代わりに、シャツが厚手となったことで胸元をつかんでの投げ技はより容易になったであろう。それゆえこの統一ユニフォームの採用は、演出上はボクサー側に統一感を醸し出すためのものだったのかもしれないが、技術上は足払いや固め技・絞め技といった、巧みではあるが「地味な」技を抑制し、背負い投げや体落しなどの豪快で「派手な」投げ技を誘発させることで、観客の眼にもわかりやすくかつスピーディな試合展開を引き出す効果があったと思われる。

ほかにも今大会から、ボクサー側は前日の試合成績が悪かった選手を新人選手と交代させ、柔道側も成績によってランク付けされるなど、選手たちのモチベーション向上のための制度が導入されたが、これらも試合をより白熱したものにしようとする工夫の一つと見ていいだろう。

なおこの大会では最終日を除く全試合の得点表が報じられたが、それらを計算すると拳闘家合計29勝、柔道家合計25勝、引分2となっており、拳闘側が優勢だったことがわかる。

変容する「柔道」に対する嘉納たちの危惧

このように新聞社のサポートも受け、連日大入りの中でエキサイティングな試合が繰り広げられた点で、この大会は興行的にもっとも成功したものの一つであった。加えて、この大会では柔拳興行の「目的」が明らかにされた点でも記念すべきものとなった。

大会初日、開演に先立ち**「国際柔拳研究の必要なる趣旨」**（朝日・神戸版1920・10・24）が述べられた。この開会宣言とも言うべき「趣旨」の内容については具体的にはわからないものの、その内容をうかがわせる以下の記事が大会前の1920年10月21日付『大阪朝日新聞・神戸附録』に掲載されている。

因に主催倶楽部では近頃の柔道は殆んど捻合《ねじあひ》ばかりの骨抜き試合となつて了《しま》つて当身に対する防御の「ワザ」が閑却されてゐるのを慨嘆し今回の開催と同時に趣意書を印刷して当路者に配布し大いに覚醒を叫ぶさうです、其の一節に斯んなのがある、曰く「犯罪は毫も縮小又は全滅されないのに近時警察官の帯剣を短縮又は全廃せうと論議されてゐるやうである、トコロが今の骨抜《ほねぬき》柔道で以て警察官はよく困難な職務を遂行する事が出来るであらうか何《ど》うか、拳闘は柔道に於ける当身と同様である、之に対抗して訓練された柔道なればよく当身も利き又凶器を防御する事も出来るが此の訓練が無《な》うて何で敵を制御する事が出来ようぞ」と云ふのである、実際拳闘に馴れない柔道は何の役にも立たず講道館の有段者でも東京大会では無慚《むざん》の敗衄《はいぢく》を取つたさうです、警察官を教ゆる武術家も学生に指南する柔道家も大いに研究する所が無くてはなるまい。

また翌日の同紙に掲載された以下の記事には、嘉納健治が柔拳興行を始めるに至った経緯が示されていた。

此時（筆者注：スミス一行の試合の時）この競技に参加した今回の国際柔拳倶楽部発起

人の一人神戸の嘉納健治氏（講道館嘉納治五郎氏の甥）が拳闘に対して柔道の尚《なお》多少欠陥あるを覚り講道館武徳会出身並に学校選手等と図つて其の欠陥の除去を努めつつ機会ある毎に拳闘家と競技を行ひて其の研究の結果が、昨年二月聚楽館に於ける、神戸外人拳闘倶楽部との競技を見るに至つたものであります、ツイ数日前にも東京に於て大会を開きましたが、講道館の有段者でも拳闘に慣れない人だと無慙《むざん》な敗を取るさうでありまず真に琢磨の効を積まんとされる武術家は是非この競技に参加して大いに研鑽されたいものであります

さらに第一回神戸大会の際、１９１９年10月28日付『神戸新聞』に掲載された以下の記事には、柔拳競技を「興行」として行う理由も述べられていた。

元来此の種の試合は武道精神の上から推しても是非武徳殿か其他の公設道場で公開するのが至当であるが外人滞在の諸費用を弁済せねばならぬ関係から止むなく聚楽館で開催する事になつたのださう（筆者注：この記事の「武徳殿」は大日本武徳会の本部道場であった京都の「武徳殿」ではなく、当時、諏訪山公園内にあった神戸の武徳殿のことか

もしれない）

これらの報道からは、嘉納健治がなぜこの時期に、次々と柔道家と他の武道・マーシャルアーツとの異種格闘技戦をプロデュースしていったのかがわかるだろう。

元来の柔術諸流派の多くは組技のみならず、当身や武器術を内包した「総合的」なものであり、それゆえ「実戦的」なものであった。嘉納治五郎は柔道を作るにあたり、それら諸流派から多くの「型」を継承することで、この柔術の総合性・実戦性、言うなれば伝統武術の「武術性」をも継承しようとした。しかし多くの柔道家が「乱捕り」に夢中になり、「型」稽古をおざなりにしていった結果、当時の柔道では非武術的な、試合でのみ通用する技法がもてはやされるようになった。

たとえば当時の試合では、相手に正中線をさらしたままノーガードで相手に接近し、力いっぱい相手の道着をひっつかみ、極度に低い姿勢や猫背の姿勢のままで組み、甚だしきに至っては寝技に持ち込むためにいきなり自ら寝転んだりといった、「当身」や「武器」での攻撃を一切想定していない、いわゆる競技化した乱捕り……講道館発行の機関紙などにおいて、姿勢はまっすぐ、道着は軽く握れ、投げ技を重視せよ等々、事あるごとに批判したものの、一向に改善される気配はなかった。

柔道における「武術性」の回復という問題意識を共有していた嘉納健治

その結果、「**近頃の柔道は殆んど捻合《ねじあひ》ばかりの骨抜き試合となつて了《しま》つて当身に対する防御の「ワザ」が閑却されてゐる**」といった事態に陥ってしまった。そしてこの事態を良しとしない嘉納健治は、当身の専門家であるボクサーと柔道家を対戦させることで、「**よく当身も利き又凶器を防御する事も出来る**」柔道、たとえば次章で考察する「武術柔道」（丸島隆雄）や「武術としての柔道」（嘉納治五郎）を生み出す実験場として、「柔拳興行」をはじめとした異種格闘技戦興行を主催したのであった。

嘉納健治は「興行師」であり、柔拳興行の再開は、もちろん「大戦後の好景気」をビジネス・チャンスと見てのことだったと思われる。しかし「武術家」としての彼は、競技化の進む柔道に再び「武術性」を吹き込むために、あえてこの大正の時代に、柔拳興行を復活させたと言えるだろう。

なお筆者はこの柔道における「武術性」の回復という問題意識は嘉納治五郎も共有するもの、さらに言えばおそらくは嘉納治五郎から嘉納健治へ受け継がれたものと考えている。たとえば嘉納治五郎は空手の「当身」を研究し、それを取り入れた「精力善用国民体育」という型を創作したり、講道館内部で棒術や剣術の研究会を開催したりすることで、その晩年まで彼の思い描いた「理想の武術柔道」を追求していった(なお嘉納治五郎の一連の「競技化」批判と武術研究については、文献一覧に記した志々田文明の研究を参照のこと)。

このように嘉納治五郎は各種の武術・武道・格闘技の「研究」を通じて柔道の武術性の回復を試みたのに対して、甥の健治は異種格闘技戦という「実践」を通じて、それを成し遂げようとしていたのである。その意味で嘉納健治は、嘉納治五郎とは異なったアプローチながら、嘉納治五郎の武道思想を継承した人物の一人と言いうるだろう。

さてこれで、嘉納健治がなぜ「柔拳興行」を手掛けたのかが明らかになった。しかし理想は常に現実の前で変わりゆくもの。それでは続いて、この「柔拳ブーム」の顛末を見ていこう。

第十六章 嘉納健治の柔拳興行〈後半戦〉

―ブームに翻弄される柔拳試合

「サンテル事件」の概要と下された「厳しい」処分

前章では、柔道の武術性を回復させるために嘉納健治が柔拳興行を興したこと、この「武術性の回復」という問題意識は嘉納治五郎と共有していたことを指摘した。しかしこの二人の「武術性」には違いも存在した。この章では「サンテル事件」と呼ばれたある騒動を通じて、この違いを浮き彫りにしつつ、柔拳興行の目指した「武術としての柔道」について考察していこう。

まずは丸島隆雄著『講道館柔道対プロレス初対決―大正十年・サンテル事件―』から、「サンテル事件」の概要を見ていこう。

1921年3月5日・6日の両日、靖国神社の相撲場において、アメリカからやってきた職業レスラーのアド・サンテルらと、庄司彦男、及び講道館柔道・天神真楊流を教授していた児玉光太郎の門下生ら、当時二～三段の柔道家らが、レスリング対柔道の異種格闘技戦を行った。

丸島によれば、嘉納治五郎は当初、この試合を黙認するつもりだったものの、講道館の高段者の中から反対意見が出てきたという。たとえば1921年3月1日付『読売新聞』によれば、アメリカ留学経験もあり、本場のプロスポーツをよく理解していた岡部平太（五段）は、サンテルがプロのレスラーであり、そのような「**商売人と試合する事は講道館の主旨に悖《もと》る**」（ルビは筆者加筆）ため、試合は断固中止すべきであると嘉納に進言した。しかしこの進言は聞き入れられず、岡部は講道館を脱退してしまったのだが、この岡部に対して嘉納は以下のように語ったという。

岡部君の云ふ処は少し狭少な思想ではないかと思ふ。勿論講道館の主義精神としては商売人と角技を競ふと云ふ事は排するかも知れぬ然し講道館長としての私は決してかくまで限定的に講道館の精神を縮め度《た》くはない。

このように嘉納は試合容認の姿勢を崩さなかったが、試合禁止の声が講道館の中で日に日に高まった結果、講道館から柔道選手たちに出場辞退が勧告された。しかし庄司ら出場選手はそれを無視して試合を強行してしまったために、試合後、高段者の間から彼らを破門にすべしとの声が高まった。それでも嘉納は試合後に発行された講道館の機関紙で以下のように処分の方針を示し、破門はしないと「宣言」した。

又何か過を認むればそれを善導する手段を尽さず、片端から破門して仕舞ふやうなことは、広く天下の人を教育するといふ講道館の趣旨にも戻る訳である。だから彼等の行為を差支へないものと認むる次第では決してないが、それだけのことを以て破門はせぬと宣言した。されど館内の社会的制裁を加へて彼等を戒むることは適当のことゝ認むる故、その方面に向つては飽くまでの努力せよ

「サンテルとの試合に就いて」『有効乃活動』第七巻第四号（4頁）

さらにこの「サンテルとの試合に就いて」の中で、嘉納は「**殊に既住に於ても或る有段者が興行師と試合をしたことを耳にした。それに対して当時格別の議論も館内には興らなかつた**」（3〜4頁）と述べ、今回の騒ぎが異例であることを示唆した。事実、嘉納がこれまで興行参加者に厳罰処分を下した様子は見られない。

たとえば1909年5月25日付『東京朝日新聞』の「**講道館の紅白試合**」と題する以下の記事からは、本書で取り上げた「横浜柔拳」の出場者・昆野が「**館内の社会的制裁を加へ**」られただけで済んだことが確認できる。

尚此日嘉納師範は先般昆野佐藤両氏が新富座に於て外人と興行的試合をなしたるは吾が神聖なる講道館の精神を忘却したるものなれば今後一切斯る所業は慎むべく然れば昆野氏は本日初段を與ふる資格あるも其為め昇段を許さゞる旨の訓諭あり

この横浜柔拳のように、今回も軽い処分で済ますかに思えたが、しかし嘉納は次号の機関紙において、以下のような厳しい処分を通達した。

四段　兒玉光太郎
三段　山田敏行
三段　庄司彦男
二段　清水一
二段　永田禮次郎
二段　藤村兼吉
二段　増田宗太郎

右は講道館高段者の多数が不都合と認めつゝあることを知りながら、去る三月五日又は六日靖国神社境内に於て、興行師サンテル等と興行と見做さるる方法に於て自ら試合を為し、又は他の者に試合を勧誘したり、これ講道館有段者として不都合なる行動と認む。依て有段者として待遇せざるものとす。

大正十年四月廿三日

講　道　館

「サンテル事件の結末」

『有効乃活動』第七巻第五号（2〜3頁）

柔道が次第にスポーツ化の傾向を強める象徴的な出来事に

おそらく嘉納は破門を求める講道館員の声に抗しきれず、しかしあくまでも「**館内の社会的制裁**」（「サンテルとの試合に就いて」4頁）に留めるために、有段者資格の停止という、破門に次ぐ厳罰処分をもって決着をつけたのであろう。丸島によれば、この決着は組織として発展し続ける講道館が、嘉納のコントロールを離れ始めたことを示しているという。

さらに丸島は、この事件が柔道史上、柔道のスポーツ化を示す「**象徴的な出来事**」であったと指摘している。丸島によれば、柔道には元来、その修行を通じて人間形成を目指す「**人間柔道**」、競技としての「**スポーツ柔道**」、そして「**柔道の原形質**」であり「**純粋な格闘技術を体系化した**」「**武術柔道**」の三つの部分があったが、次第にスポーツ柔道の部分が「**肥大**」していったという。

そのような状況の中、このサンテル事件が興行への参加厳禁の通達という結末に終わり、柔道がどんな相手とも戦う「**武術柔道**」を試す場―すなわち異種格闘技戦興行―を失ったことで、以後、柔道は「**柔道対柔道**」のみを正統とする「**スポーツ柔道**」のみに限定されていくことになった、と。

この指摘は大変興味深くまた説得的でもあるが、本書の視点から注目すべきは、この事件を通じて、嘉納治五郎の「武術性」に対する考えが浮き彫りになった点である。

そもそもこの事件での処分理由は「興行」に参加したことであり、異種格闘技戦に参加したことではなかったのだが、嘉納は以下のように一般的な異種格闘技戦に関しても批判的であった。

今回の如き試合は、柔道とレスリングとの試合ではない、変形のレスリングと柔道の技の中一部との試合であつて、さういふやうな試合は何の意味もなさぬのである…（略）…柔道は試合の場合それを便利とすれば、棒でも刀でも拳銃でも何んでも使ふ。さうすると、柔道との試合は、一方が殺される覚悟でなければ成立しない訳である。それを柔道の危険でない技だけを以つてする試合に、柔道との試合といふ名を附することは許すべからざることである。将来は柔道と何々の試合といふことは一切いはぬことにしたい。真剣勝負でなければ試合は成立しないといふことを記憶して置いて貰ひたいのである。

「サンテルとの試合に就いて」

『有効乃活動』第七巻第四号（５頁）

ここで着目すべきは、柔道の「武術性」は何でもアリの「真剣勝負」でのみ発揮される、という点であるが、この過激かつ前時代的な武術性概念は嘉納の柔道論の根幹を為すものでもあった。

嘉納治五郎が目指した武術性の高い柔道
そこからかけ離れていく現実

たとえば1927年〜28年頃に口述筆記され、講道館の機関紙に連載された嘉納治五郎の自伝（『嘉納治五郎：私の生涯と柔道』収録）によれば、嘉納は講道館を始めた当初より「**柔道を錬体法、勝負法、修心法に別けて説いて**」（53頁）おり、それぞれ「**錬体法は言い換えれば体育としての柔道であり、勝負法は武術としての柔道である。修心法は知徳の修養並に柔道の原理を実生活に応用する研究と実行とである**」（53頁）と説明している。

さらに1918年に雑誌『柔道』大正七年七月号に発表された「**柔道に上中下三段の別あることを論ず**」では、「**便宜上土台となる攻撃防禦の練習を一番下として、之を下段の柔道とし、世に己の力を施す仕方の攻究が最後に来るのであるから、上段の柔道とし、鍛錬修養等、攻撃防禦の練習の副産物とでもいふべきものを、中段の柔道と**」（4頁）定義した上で、「**攻撃防禦の攻究が土台で、その攻究から、身体の鍛錬や精神の修養が出来**」（3頁）、そのうえで初めて「**世に己の力を最も善く施**」（3頁）すことができると説いた。

さらに以下の自伝の記述からは、柔道が「柔術」から継承・発展したと言いうるためには、武術性の継承が不可欠であると考えていたことがわかる。

柔道の技術を練りあげ、磨きあげたその結果は、深き哲理を悟り、人間の大道を究めることになるのであるが、その道程としては、筋骨をもって相戦い、荒っぽしい《(ママ)》練習を経て進んでいかねばならぬということである。古来、日本に発達し来った柔術を、徹底的に研究してなお、それ以上のものに造り上げるには、どうしても、この肉体的練習の順序をふまなければならない。

「柔道家としての私の生涯」
『嘉納治五郎　私の生涯と柔道』（97頁）

この嘉納の柔道論からすれば、「武術性の喪失」とは柔道の土台が崩壊することを、さらには柔術を批判的に発展・継承したと自負する柔道のアイデンティティが崩壊することを意味したのである。しかし前章でも指摘したように、当時、競技化した乱取スタイルが横行し、乱取から武術性が失われつつあった。

また嘉納の自伝によれば、講道館では当初から当身や武器術等、武術性の高い危険な技術は「形」を通じて学ばせていたものの、次第に以下のような指導法をとるようになったという。

乱取というものは形よりは実地、本当の試合であるから、興味が多い。それ故、形と乱取とを同じようにやれば、多くのものは、乱取に身を入れて、形を閑却する恐れがある。そこで、自分が講道館を起こした当初には、形というものは、これをきりはなしてはほとんど教えてはいない。乱取の合間合間に形を編み込んで教えるという方針をとった。あたかも、文法を一科とせずに、作文の際に自ら文法を習得するというような塩梅《あんばい》にしたのである。

「柔道家としての私の生涯」
『嘉納治五郎　私の生涯と柔道』（104頁）

このような指導法を通じて、嘉納は武術としても通用する乱取を指導していった。しかし柔道人口の急増により、そのような高度な指導ができる指導者が不足した結果、武術性の欠如した乱取や指導が横行するようになってしまった。

そこで嘉納は以下のような「訓戒」を機関紙などに掲載し、修行者個々人に武術性の大切

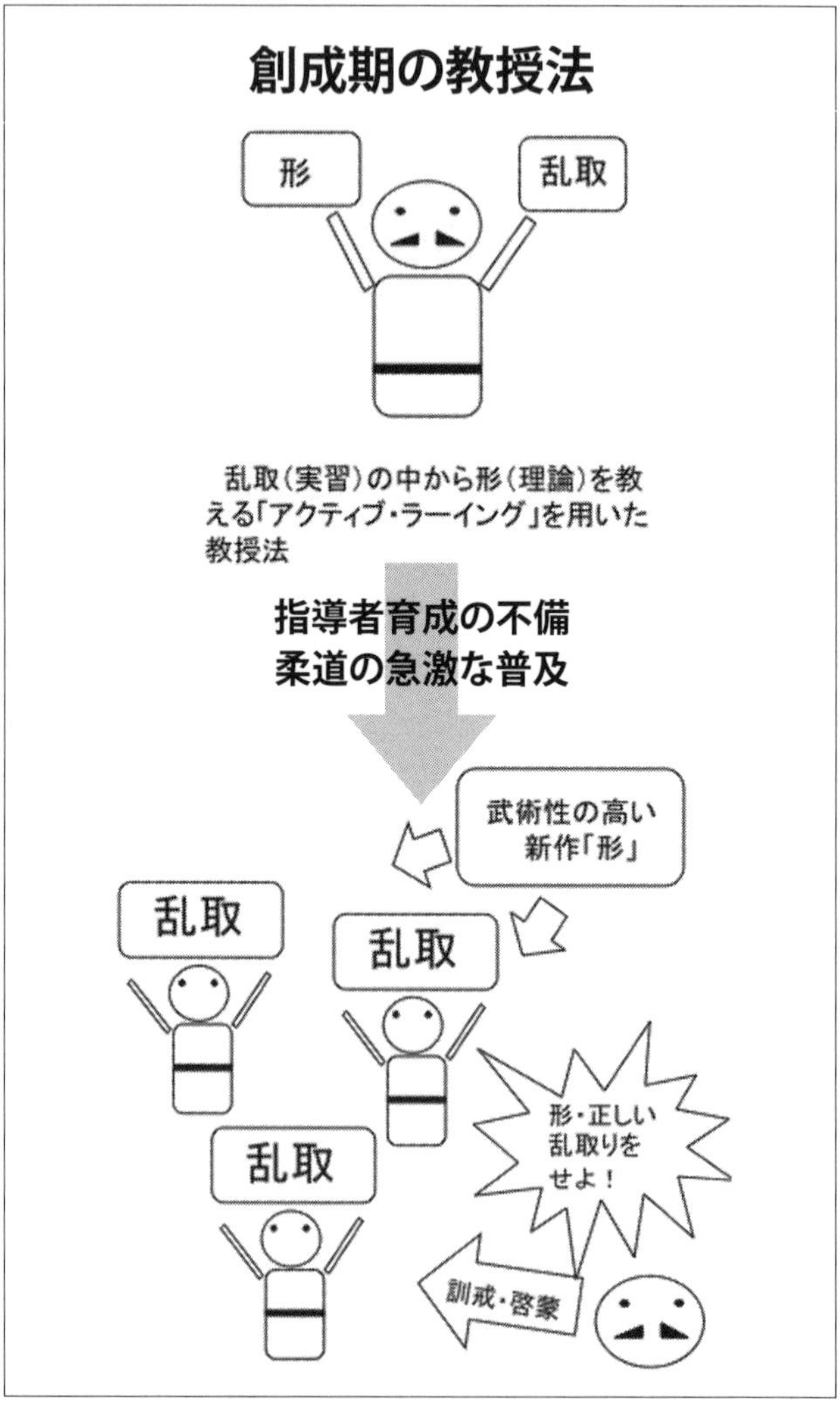

図1：訓戒と形を通じた武術性の回復プラン（池本淳一「現代武道における武術性再生の試みとその課題」から加筆・修正）

さや、講道館創設当時の乱取への回帰を訴え続けた（図1）。

本当の方法にかなわない乱取の仕方がふえて来たとすると、どうしても、修行者めいめいが十分心して、この弊害を将来に救済することに努力しなければならぬ。…（略）…また武術からいうても、いつ相手が蹴ってきても、突いてきても、体をかわすことも出来、身体が自由にかつ軽快・敏捷に働くということでなければならぬ…（略）…そこで、体育として、武術として、有効なる乱取の仕方はどうかということになると、結局、講道館創設当時の乱取の仕方にかえらねばならぬということになるのである。

「柔道家としての私の生涯」
『嘉納治五郎　私の生涯と柔道』（55～56頁）

しかしこの嘉納の訴えは、当時の柔道家たちには届かなかった。なぜならば、彼らは乱取の競技化がほぼ完成した後、「スポーツとしての柔道」をしに入門してきた「次世代」の館員たちだったからである。そんな彼らに「武術としての柔道」の視点から、現在のスポーツ化した乱取の弊害を訴えたところで聞くはずもなかった。さらに前述したように、嘉納は他の武道・格闘技の研究を通じて、柔道の技術体系をより武術性の高いものにしようとし、その成果を「形」として残していった。しかし彼らにとって形は形であり、やはり「興味の多い」乱取ばかりが練習されたのであった。

新たな「武術としての柔道」を模索する嘉納健治による試み

こうして嘉納の「武術性の回復」の試みは、講道館員からの幅広い支持を得ることはできなかった。筆者はこの背景にはある種の価値観の相違やジェネレーション・ギャップがあったと考えている。自伝でも語られているように、嘉納は学校の寄宿舎でいじめられたことを機に、強くなりたい一心で、未だ武術性を保持していた「明治の柔術」を学んだ人物である。

それゆえ武術性について啓蒙しつつ、武術性の高い優れた形を用意すれば—かつての自分がそうだったように—大正時代の柔道家たちも「武術としての柔道」に夢中になる、と信じていたのであろう。しかし彼らが嘉納のこの「前時代的」な価値観に共感することも、また嘉納が彼らのモダンなスポーツ・マインドを理解することもなかったために、この嘉納の試みはすれ違いに終わってしまったのであった。

一方、「今どきの柔道家」世代に属する甥の嘉納健治は彼らの趣味嗜好を理解しやすく、さらに人々の「興味」を煽ることを生業とする興行師でもあった。そんな彼だからこそ、スポーツ志向の柔道家たちの「興味」を引きつける異種格闘技戦という場を用意し、そこで個々の柔道家が自ら「対ボクシング」技術を開発することで、結果的に「武術としての柔道」を作りだすという、「武術性の回復」のニュー・スタイルを思いついたのであろう（図2）。

さらに講道館創設時の柔道への回帰、あるいは新たな「総合柔道」への志向が強かった嘉納治五郎と異なり、嘉納健治はあくまで「柔道としての」武術性を追求していたと言える。柔拳興行では、柔道家は組技、拳闘家は打撃技のみという「不均衡なルール」を採用することで、柔道家は柔道家として、拳闘家は拳闘家としての「対異種格闘技」技術を磨いていった。これは「競技」の中で培われてきた乱取技術を「土台」にしたものであり、「スポーツとしての柔道」を批判的に継承・発展させることで、新たな「武術としての柔道」を模索するという試みであった。

それゆえ現代の総合格闘技の試合が多くの流派や格闘技を「総合格闘技」という一つのスタイルに収斂させていく場だとすれば、柔拳興行はあくまでも自らの武道アイデンティティ

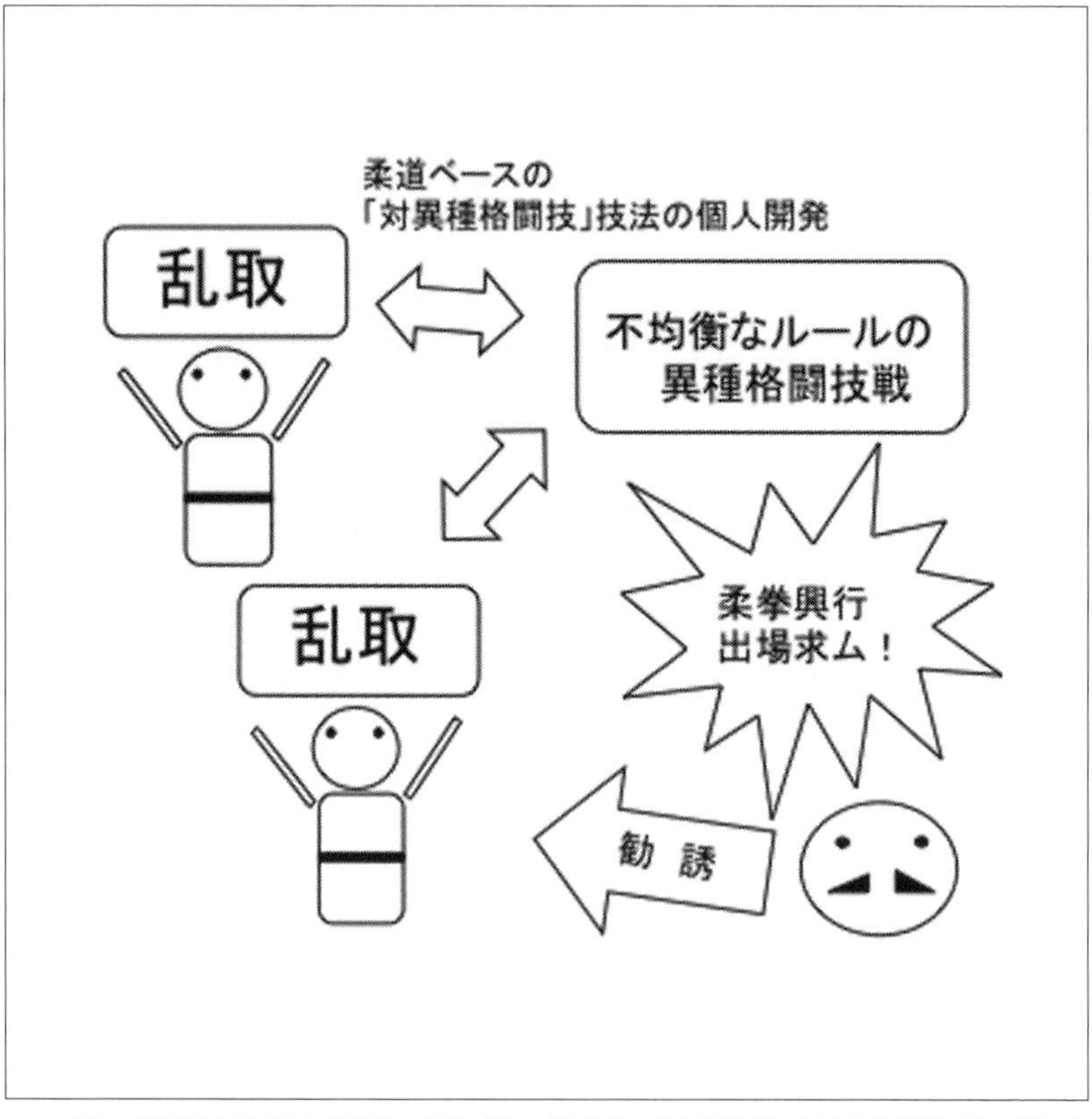

図2：柔術興行を通じた武術性の回復プラン（池本淳一「現代武道における武術性再生の試みとその課題」から加筆・修正）

を保持したまま、武術性を再構築させる場であったと言えるだろう。

　ここでようやく、柔拳興行の輪郭が明らかになった。さて次からは、いよいよこの柔拳興行の終焉について見ていこう。

「サンテル事件」と柔拳興行とのかかわり

　ここまでで「サンテル事件」の概要と、嘉納治五郎と嘉納健治が目指した「武術としての柔道」の詳細を確認したが、続いて「サンテル戦」後の柔拳興行におけるブームの絶頂と崩壊の兆しを見ていこう。

　さてその後の柔拳ブームに触れる前に、まずは「サンテル事件」と柔拳興行とのかかわりから見ていきたい。サンテル戦から約一か月後の1921年4月16日〜20日、浅草公園の御国座跡で三回目の東京巡業が開催された。

　なお御国座「跡」とあるのは、御国座が1920年11月29日に火事で焼失したため（東京朝日　1920・11・30）、その火事跡の更地か、あるいは仮小屋で開催されたためであろう。この第三回東京巡業から約一か月後の１９２１年5月12日付『東京朝日新聞』を見ると、１９２１年5月13日〜22日に同じ御国座跡において、サンテルらの「再戦」を告知する広告が打たれている（図３）。

さらに半年後の１９２１年11月4日〜7日に聚楽館で行われた第七回神戸大会には、「松本」という選手が参戦していたが、以下の１９２１年11月2日付『大阪朝日新聞・神戸附録』によれば、彼はサンテル戦の選手だったという。

殊に松本選手は日本柔道界の猛者で松本とは假名なれど、講道館四段にして足がらみにかけては日本一の稱がある、此人の為めに日本柔道界が足がらみを封じた程の猛者で曩《さき》に東京に於て世界的選手サルテン《ママ》をして膝下に伏せしめた

同じ火事跡での再戦、サンテル戦選手の柔拳興行出場という点から考えると、サンテルらと嘉納健治との間に何らかのつながりがあったと思われるが、残念ながら決定的な資料が見つからないためにこれ以上の考察は控えることとする。

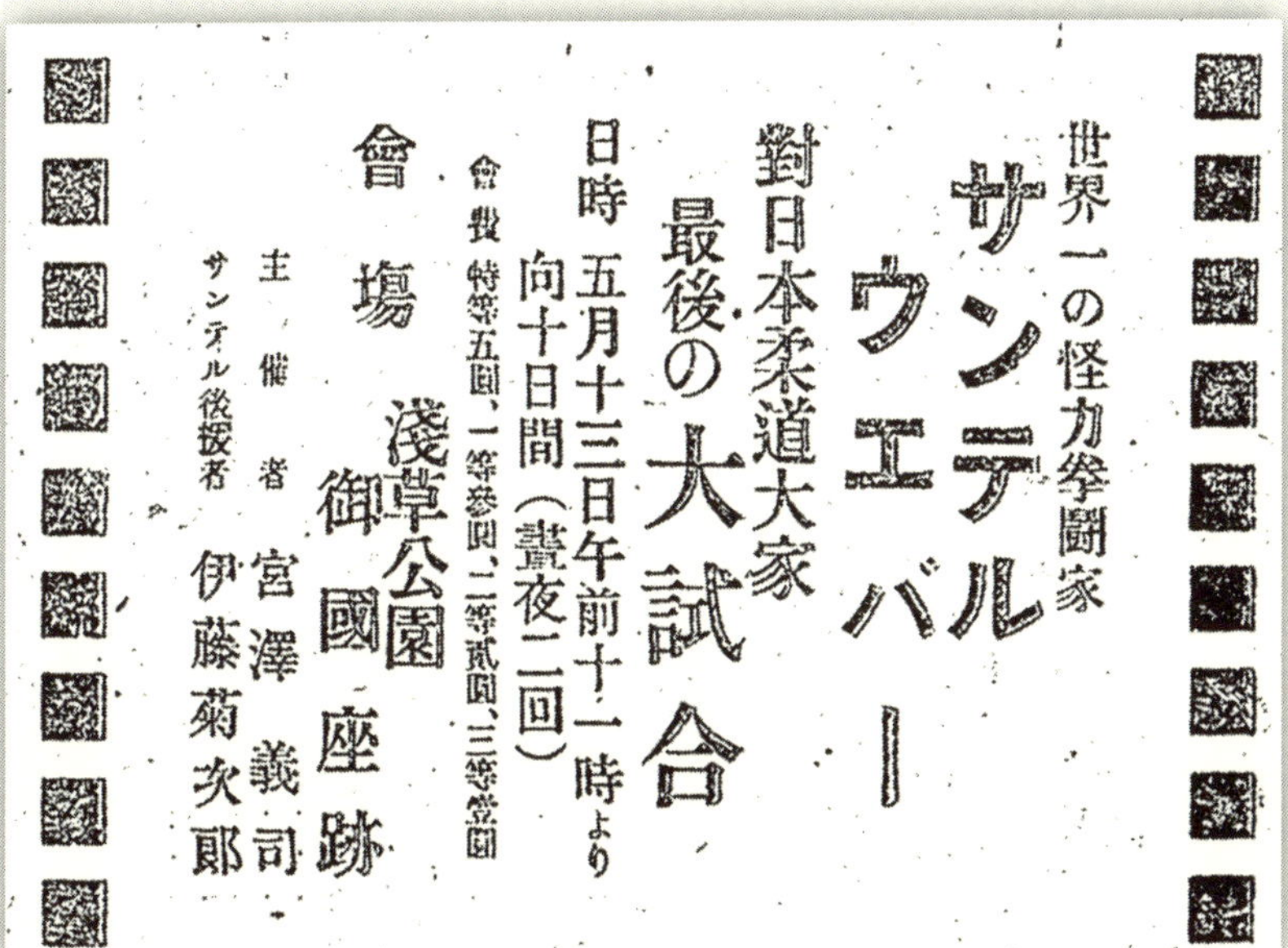
世界一の怪力拳闘家
サンテル
ウエバー
對日本柔道大家
最後の大試合
日時　五月十三日午前十一時より
向十日間（晝夜二回）
會費　特等五圓、一等參圓、二等貳圓、三等壹圓
會場　淺草公園　御國座跡
主催者　宮澤義司
サンテル後援者　伊藤菊次郎

図3：サンテルらと柔道家らの再戦を知らせる新聞広告（東京朝日1921.5.12）

変わらずに柔拳興行に参戦し続ける柔道家たちの存在

それよりも気がかりなのは、サンテル事件後の柔道選手たちの動向であろう。講道館のトップが興行への参加を明確に禁じた以上、サンテル事件後、柔道選手は柔拳興行に出場できないはずである。しかし資料を見る限り、選手たちは以前と変わらず出場し続けている。その原因としては、そもそも彼らが講道館員や「嘉納派」の柔道家ではなかった可能性が指摘できるだろう。

確かに各紙の記事や広告を見ると、たとえば「**講道館武術（ママ）会出身者と拳闘に対する柔道の真面目なる研究を続け…**」（読売新聞 1920・9・21）、「**講道館の有段者でも東京大会では無慙の敗衄《はいぢく》を取つたさうです**」（朝日・神戸版 1920・10・21）、「**講道館・武徳会・各地道場・全国専門中等学校柔道部選手新進気鋭の有段者参加**」（読売新聞 1925・1・11）といったように、柔拳興行に講道館員が関わっているかのような印象を受ける。しかし大多数の広告では、出場選手は「**三府神戸著名有段者**」（読売 1921・6・28）、「**全国新進有段者四十余名参加**」（神戸新聞 1924・5・1）、あるいは「**柔道家**」「**有段者**」とされており、その多くが所属不明である。

これらの柔道選手の正体として考えられるのは、まずは町道場の伝統的な柔術家たちであろう。『講道館柔道対プロレス初対決―大正十年・サンテル事件―』によれば、サンテル戦に出場した柔道家たちの師匠である児玉光太郎は、自らの道場で講道館柔道と天神真楊流を教えていたという。このような町の武術家の中には自らの信念の下、あえて興行に出る者もいたであろう。

同様に「大日本武徳会」に属する柔道家たちも、伝統的な柔術家に近い存在であった。大日本武徳会とは、京都を本拠地とする総合的かつ公的な武道団体であり、柔道も教授されていたものの、組織的には講道館とは別であった。それゆえ武徳会系の柔道選手たちが嘉納治五郎の「興行への参加禁止」に従う道理はなかった。

さらに柔拳興行には多くの学生選手も参加していたが、彼らもまた一筋縄ではいかなかった。たとえば上記の「松本」（仮名）選手は東京から「**専門学校柔道選手有志**」（朝日・神戸版 1921・11・2）を伴って来神しており、後の柔拳興行でもしばしば「**全国中等学校及専門学校新進柔道部選手の有段者出場**」（又新日報 1924・5・1）のように記した記事・広告が見られることから、学生選手が珍しい存在ではなかったことがわかる。

当時、学生柔道では学校対抗戦での勝利至上主義や寝技の重視など、嘉納治五郎の意に沿わない独自の柔道文化が育ちつつあり、講道館との関係にも微妙な距離が生じつつあった。それゆえ彼らが「参加禁止」を黙殺したとしても不思議はないだろう（講道館と学生柔道の関係については、中嶋哲也氏の研究を参照のこと）。

なんにせよ、柔拳興行にはサンテル事件後も変わらず柔道家たちが参戦しており、さらに以下の1923年3月6日付『神戸又新日報』掲載の記事によれば、事件から約一年を過ぎるころには、──誰の「見解」なのかは不明であるが──「参加禁止」自体が緩和されたようである。

体育的競技として柔拳試合、ボクシング試合は一般社会が、非常に興味を持つやうになり、柔道家も亦専門的教士の如き教育家の地位にあるものは別として其他の人は競技に由りて世に立ち、又競技に趣味を持つ事は差支へないと言ふ見解から講道館及武徳会出身者で今や盛んに出場希望者があり

こうしてサンテル事件の混乱もどこ吹く風、柔拳興行は順調に興行を続け、この頃には大阪でもブームを巻き起こしていた。たとえば1921年1月24日〜28日には浪花座にて、第五回目となる大阪巡業が開催されたが、これは後に「**一月大阪で大当たりを取つた柔拳競技大会**」（朝日・神戸版　1921・2・6）と評された。なお大阪では筆者が確認しただけでも7回、巡業が行われていたようであるが、資料不足のため本書では詳細は触れないこととする。

徒手対武器戦も行われるなど
さらにバラエティ豊かになる異種格闘技戦

さらに「武術としての柔道」の探求も新たな段階に突入していた。たとえば1921年2月6日に日本劇場で市内の有力者を招いて「**試演会**《しえんかい》」が開催された。この会では「**拳闘と小太刀の勝負や拳闘家の力競べを見せる**」（神戸新聞　1921・2・6）と告知されており、徒手対武器の試合が試みられていたことがわかる。

そしてこの試演会翌日の1921年2月7日から15日まで、日本劇場で第五回神戸大会が開催されたが、この大会ではロシアの三選手が参戦し（図4）、興行の中で「**仏国式レスリング大会**」（朝日・神戸版　1921・2・8）も開催された。

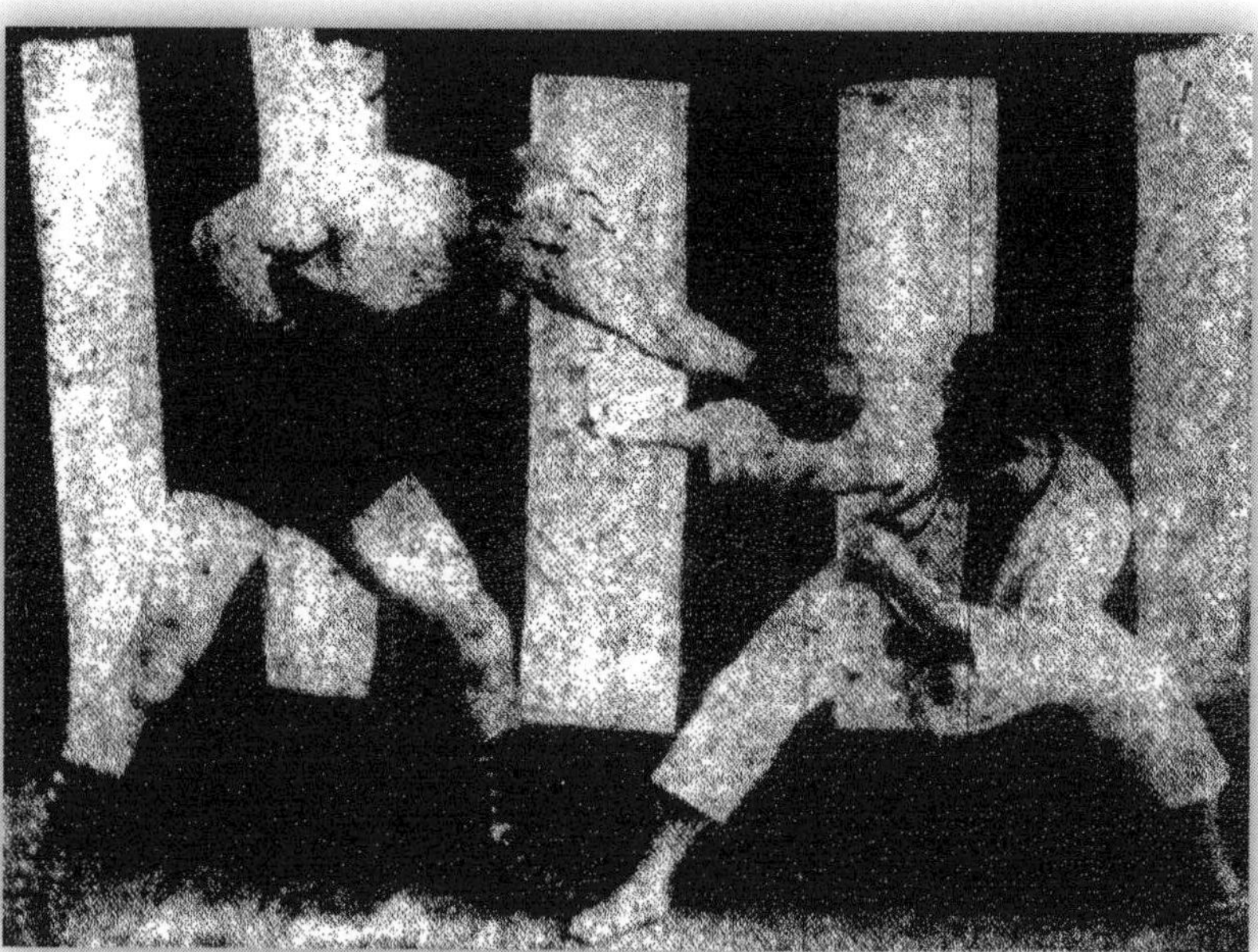

図4:「柔拳大競技＝東郷氏対リング氏の猛試合」(又新日報1921.2.8)

また1921年2月8日付『神戸新聞』には、彼らがグローブ着用で戦っている写真も掲載されており、ボクシングの試合かデモンストレーションも実施されたのかもしれない。さらに大会二日目にはルールは不明ながら、レスラーのカロロフと大阪力士の「**虎林**《とらばやし》」の異種格闘技戦も行われた（神戸新聞　1921・2・9）。

この第五回大会から約三か月後の1921年5月1日〜5日には、同じく日本劇場にて第六回神戸大会が開催された。なお1921年4月30日付『神戸又新日報』に掲載された広告には「**レスリングと柔道**」「**拳闘と拳闘**」「**剣道と拳闘**」といった新たな異種格闘技種目や、「**本会は研究上柔道家及び撃剣家の飛入申込を歓迎す撃剣家は竹刀を持たしむ**」といった告知があり、対武器戦も含んだ多様な異種格闘技戦が本格的にスタートした様子がうかがえる。さらにこの広告には以下のような改定ルールも掲載されていた。

勝負法改定
拳闘と柔道　拳闘家に於て離れて面胸部を撃ちたる時五点を採り組合中の打撃は無効とし柔道家を押え込みたる時は五点。世界的選手のレスリング（外国角力）と柔道の試合に於てはレスリング従来の如き勝負法（双肩をつきたるもの負となる）に依らず双方に

柔道着を着用せしめて逆業絞業にて三十分間の決戦をなす

この改定では、拳闘家の「組合中」―クリンチ状態であろう―の打撃が1点から無得点になっているが、新聞紙上で発表されたこれまでのポイントはほぼ5点刻みであり、もともとこの「1点ルール」は機能していなかったために、廃止したのかもしれない。

またこの「改正」で「柔道家を押え込みたる時」―フォールであろう―とあるのは、たとえば前述のロシアレスラーのように、レスリング技術を有する拳闘選手が出現したためであろう。さらにこの「改正」から、「柔道対レスリング」の異種格闘技戦が打撃なし、フォール無効のいわゆる「柔道ジャケット・マッチ」だったことがわかる。

この新ルールは、ますますバラエティ豊かになってきた異種格闘技戦に対応するものであった。しかしもともと柔拳興行での異種格闘技戦とは、柔道家が苦手な当身や武器への防御法を開発するためのものだったはずである。ところがこの新ルールは、「当身の専門家」であるボクサーに組技の「フォール」を認めたり、当身を排除するのみならず、柔道家に有利な柔道ジャケット・ルールを採用するなど、「武術としての柔道」探求からはややズレを感じるものであった。

図5：凱旋帰国した川島ら（又新日報1922.7.7）

目覚ましい進歩を遂げる柔道選手たちの「対拳闘」技術

このような「ズレ」が見られたものの、興行開始から2年が過ぎようとしていたこの時期、柔道選手の「対拳闘」技術自体は目覚ましく進歩していた。たとえば以下の1922年7月7日付『神戸又新日報』の記事（図5）によれば、柔拳興行の柔道選手たちが上海に遠征に出かけ、当地のボクサーに全勝したという。

去月《きょげつ》一七日上海タウンホールに開かれた国際柔道協会の対外競技に我日本側全勝てふ《（ママ）》好成績を収めた柔道家川島清、清川一郎、本田英雄の三君は殆ど凱旋将軍の概《がい》を以て

帰朝した
川島君曰く「全《ママ》く命駆けの競技でした、私の相手のニツクボイルと云ふのは闘拳《ママ》試合に
従来一度も敗けた事の無いと云ふ猛者、清川君の相手のヨルベツトも上海在留外人中の
一流選手ですが我々の全勝に帰し
我々は英官憲の厚意に依り二十名計りの警官護衛の下に引揚げると云ふ位場内殺気立ち
光景は寧ろ物凄かつたのですが、幸ひ無事に帰朝し得たのは全く奇跡でした、
総領事以下殆ど狂気の如く喜ばれ大歓待を受けました。何分上海の試合は例の点取りで
は無く参る迄闘ふと云う猛烈な試合ですから我々も大に自重し且種々研究を重ね大に得
る所がありました、従つて我々の試合も従来のとは余程変つた型を是からお眼に掛ける
事と思ひます

なお1922年7月8日付『神戸新聞』によれば、川島らの相手は「**上海ボクシング倶楽部選手**」だったという。それゆえこの上海遠征では、柔拳興行の主力選手がレスラーではなくボクサーと「**参る迄闘ふと言ふ猛烈な試合**」で完封勝利したことがわかる。

当時、上海はフィリピンと並ぶ東洋でのボクシング先進地域であったことを考えると、彼ら柔道勢の「対拳闘」術は相当のレベルにまで達していたと言えるだろう。

「武術としての柔道」の「実験場」から より多くの観客を集める為の「演芸場」に

こうして柔拳興行は、人気・実力とも最高潮に達しつつあった。しかしこの繁栄の裏側で、徐々に崩壊の兆しも芽生えつつあった。たとえばそれを象徴するのが、演芸のメッカ・浅草への進出である。

前述したように、サンテル戦から約一か月後にあたる１９２１年4月16日～20日に第三回東京巡業が浅草公園の御国座跡で開催されたが、この大会は実は柔拳興行の浅草初進出となるものでもあった。続く第四回目の東京巡業も１９２１年7月1日～10日に御国座、7月11～13日に南座、7月15日～19日に明治座、8月24日～26日に開盛座で開催されたが、このうち御国座と開盛座は浅草の劇場であった。

以後、東京では確認できただけで14回、巡業が行われたが、そのほとんどが浅草の劇場で行われるようになり、柔拳興行はすっかり浅草を代表する演芸の一つとなっていった。

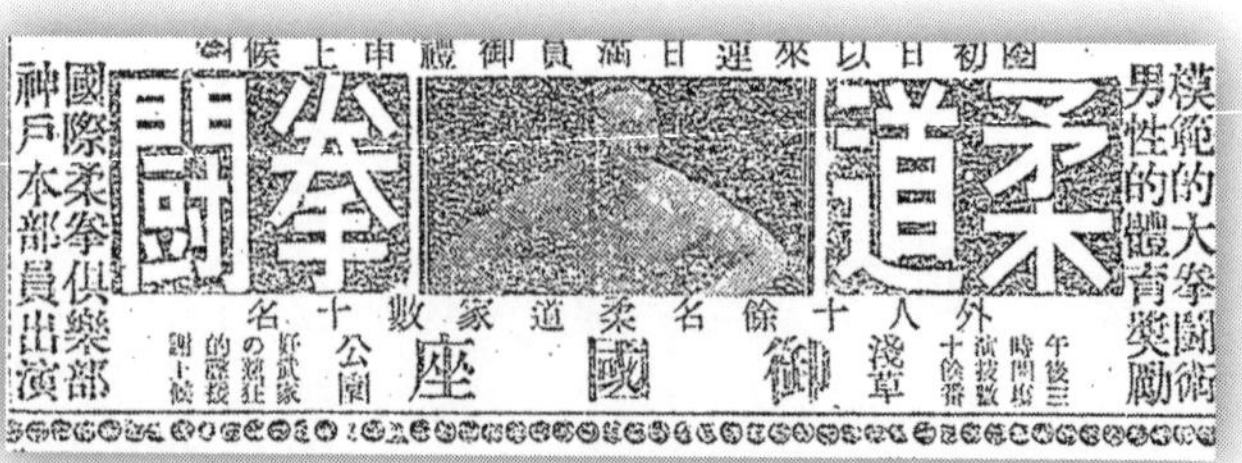

図6：演劇的な広告の一例。「模範的大拳闘術 男性的体育奨励」「国際柔拳倶楽部 神戸本部員出演」などの言葉が並ぶ（東京朝日1921.7.4）

さらにこの浅草進出を機に、広告にはより「演芸的」な文句が踊るようにもなった。たとえば長期開催となった前述の第四回東京巡業（1921年7月1日〜8月26日）では連日各紙に広告が打たれたが、それらには「**壮快無比の競技大会　再び見られぬ大怪力大秘術**」（東京朝日　1921・7・2）、「**鉄腕唸る!!　彼の一撃飛鳥の如き我が秘術満都好武家の大熱狂**」（東京朝日1921・7・11）、「**拳闘勝つか？　柔道勝？　国際的拳闘と柔道**」（都《みやこ》新聞　1921・8・26）といったような、観客の興味や興奮を呼び起こすような勇ましい「煽り文句」が躍った（図6）。

この浅草進出と過剰な煽り文句に象徴されるように、この頃から柔拳興行は、武道愛好家の支持を集める「武術としての柔道」のための「実験場」から、より幅広い層の人々の興奮を煽り、より多くの観客を集めることに腐心する「集客至上主義」を旨とする「演芸場」へと変容し始めた。

前述したように、嘉納治五郎は乱取を「競技」として確立させることで、柔道を爆発的に普及させた。しかし一方で柔道の競技化は、柔道の中にスポーツ由来の「勝利至上主義」を呼び込むこととなり、当時の柔道を「武術としての柔道」から遠ざける一因となった。

一方、嘉納健治は「異種格闘技戦」というニュー・スポーツと「興行」という勧誘スタイルを用意することで、当時の柔道家たち自身に「武術としての柔道」を身に着けさせようとした。そしてこの興行化の試みは大当たりし、柔拳興行は大正の世に一大ムーブメントを巻き起こしたのであった。

しかし、この興行的成功は、今度は「集客至上主義」を柔拳興行に忍び込ませることとなり、柔拳興行は徐々に実験場から演芸場へと、その位置づけを変えていくこととなった。

技術の優劣を楽しむ競技から「見世物化」へ

これまで空前の「柔拳ブーム」の陰で、柔拳興行が「武術としての柔道」を探求する「実験場」から、集客に腐心する「演芸場」へと変わりつつあった過程を見てきたが、続いて「柔拳」というコンテンツそのものが自壊していく過程を見ていくことで、異種格闘技戦における「興行化」の困難を確認していこう。

さて興行化の進む柔拳興行であったが、その後も1922年7月8日〜15日に第八回目、同年10月28日〜31日に第九回目、1923年3月6日〜10日に第十回目、1923年5月1日〜6日に第十一回目となる神戸大会を聚楽館で開催し、ますます人気を高めていった。

しかし1923年9月1日、関東大震災が発生、地震に伴う火災で都内の多くが焼け野原となった。この大災害に対して、柔拳興行では発生10日後の9月11日〜21日、「**震災救恤《きゅうじゅつ》義捐興行**」（神戸新聞 1923・9・12）と銘打った第十二回目の神戸大会を開催した。この大会は以下の1923年9月11日付『神戸又新日報』の記事からわかるように、関東からの「出張組」選手たちの救済と被災地支援を目的としたものであった。

主催者側は今回の大震災で遠慮中止の意思であつたが拳闘家外人十四名中、十一名迄横浜に籍を有して家族罹災し其救助を要するのと又柔道選手で在学中のものは学校焼失の為め差詰め帰校もならず其日の生計にも困る状態なので夫等《それら》の人達家族の為め止むな

く開演と決したのだが尚六日間開催中は入場料の幾分宛を控除し六日間取纏め震災地へ義捐する事になつてゐると…（省略）…此外当地への避難外人中には此倶楽部員所得の中から救助を受くるもの又は試合に参加して一時の急を凌《しの》ぐものもあり一層真剣味を加へた猛試合を見るだらうと

このいわゆる「チャリティ・マッチ」は、拳闘家チームと柔道家チームの総得点を争う対抗戦として実施され、大会期間が当初の予定より三日間も日延べ（延長）するほどの人気を得た。さらに続く第十三回目（１９２４年3月1日～5日）、第十四回目（１９２４年3月15日～20日）、第十五回目（１９２４年5月1日～5日）の神戸大会でもこの対抗戦が採用され、大変な人気を博した。

ここで注目すべきは、この対抗戦を通じてメディアが「柔道家」と「拳闘家」との間にライバル関係を見出すようになった点である。たとえばこれらの対抗戦の期間中、紙面には「**昨日より睨み合ひの双方選手は一層緊張味を帯び取組も猛者対幹部揃ひなれば、真に火花を散らすやうな猛闘が見られる筈**」（神戸新聞　１９２４・3・5）「**一週間休養せる柔道選手は勇気百倍、最後まで敗《はい》を受けないと意気込み、拳闘家も更に猛選手を交へて気を吐いてゐる**」

（神戸新聞１９２４・３・14）と、両者の間の対抗心を煽る記事が散見された。

さらに震災後に再開された東京での第五回目（１９２４年５月17日〜６月15日、靖国神社角力場・日比谷音楽堂・千歳座）、第六回目（１９２４年７月10日〜８月18日、凌雲座・松竹座・本郷座）の巡業の広告（図７〜９）では、「拳闘家対柔道家」の対決を「外国人対日本人」の対決として読み替えるような、以下の煽り文句が躍った。

外人勝か日本人勝か？

（読売新聞１９２４・５・17）

東西彼我の精華拳闘と柔道の大血戦　男性的東西国技の精華一大決勝戦場!!

（読売新聞１９２４・７・29）

見よ大陸選手が剛健なる気魄に対する柔道家は洗練されたる鉄体の猛者！　愈々本日より双方選手は猛烈勇敢に全精力を傾倒して雌雄を争ふ！　決戦の挙行なり

（読売新聞１９２４・８・７）

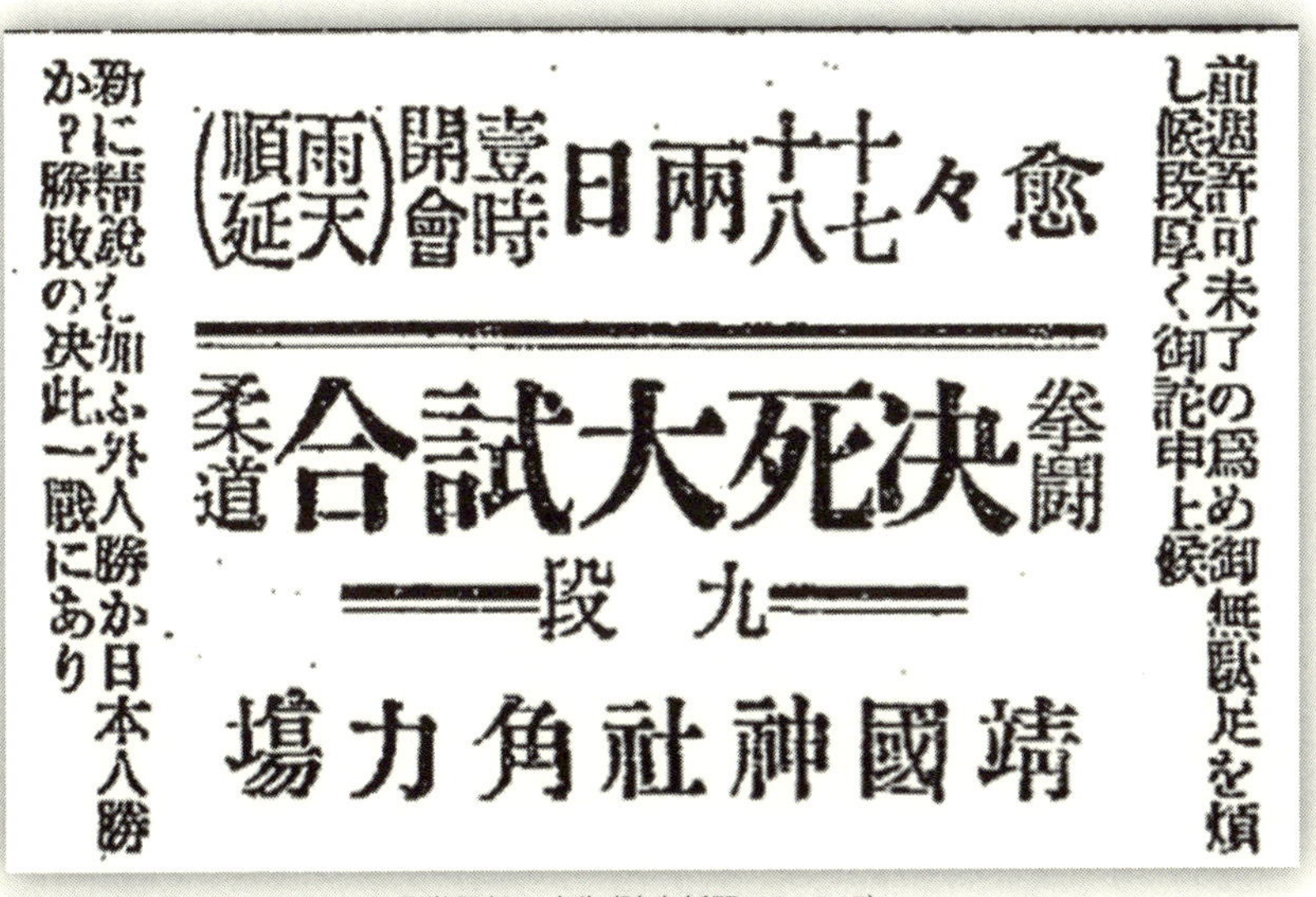

図7：関東大震災後に行われた柔拳興行の広告（読売新聞1924.5.17）

図8：関東大震災後に行われた柔拳興行の広告（読売新聞1924.7.29）

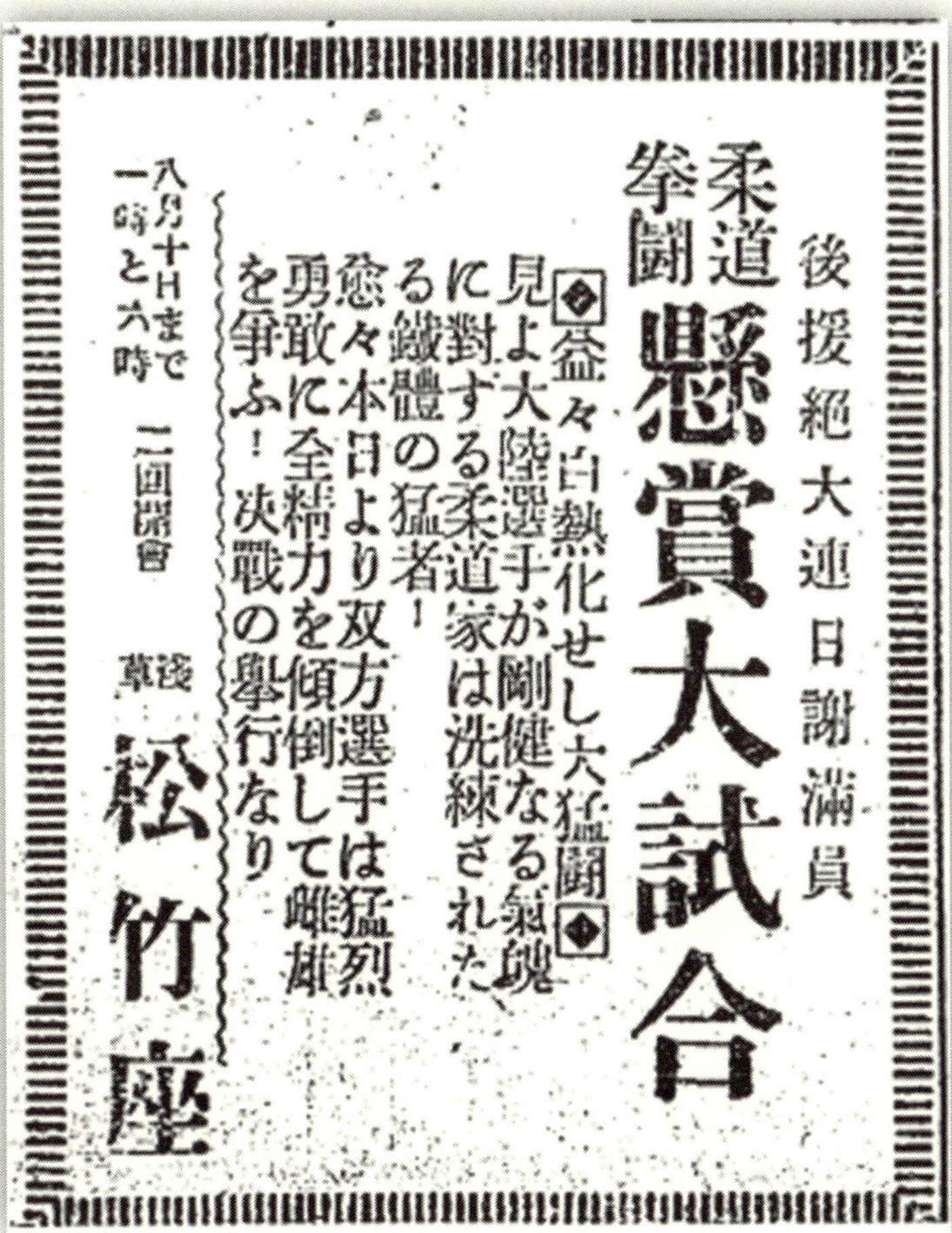

図9：関東大震災後に行われた柔拳興行の広告（読売新聞1924.8.7）

現在でもスポーツ観戦において、選手・チーム間にライバル関係を見出して試合を盛り上げる手法はよく見られるものである。しかし多様な競技・国籍の選手たちが対戦する柔拳興行でこの手法が使われると、それはたちまち「柔道家」対「拳闘家」、さらには「日本人対外国人」の対決へと読み替えられてしまった。こうして柔拳興行は、技術の優劣を楽しむ競技大会としてよりも、「外人勝か日本人勝か?」を固唾をのんで見守る「見世物」として、世に喧伝されるようになってしまった。

もちろんこの「見世物」化は、「武術としての柔道」追求という柔拳競技の「趣旨」を台無しにしてしまうものであった。しかしそれは本来の「趣旨」よりもはるかにわかりやすく「大衆受け」するものであり、柔拳興行は「**我が国技と称せられた角力道の衰微に反してこの種の競技の一般に歓迎されるのは時代の支配力が如何に急激に変化しつゝあるかを物語るものである**」(朝日・神戸版 1924・6・19)「**聚楽館の拳闘と柔道の会は日本古来の角力に代るべき人気と興味の内に初日以来盛況を続けてゐる**」(朝日・神戸版 1924・6・22)とまで称されるようになった。

柔拳興行への「純拳」の取り込み 嘉納健治の働きかけの影響か

さらにこの時期、柔拳興行は当時、流行の兆しを見せ始めていた「純拳」ことボクシングを取り込み始めた。たとえば第十五回神戸大会（1924年5月1日〜5日）の最終日にあたる1924年5月5日付『神戸又新日報』に掲載された広告には、「**上海へ遠征シフイリツピン人選手マカードヲ倒シタル日本拳闘団ノ軽量選手久場清盛氏ト強勇ジヨンソン氏トノ特別懸賞拳闘ト拳闘試合ヲ行フ**」とある。

郡司信夫著『ボクシング百年』によれば、この広告にある「久場清盛」とは本名を「久場興盛」と言い、「久場清」の名で活躍した日本ボクシング黎明期の選手である。アメリカでボクサーとして活躍していた渡辺勇次郎が帰国し、1921年12月25日に下目黒に日本初の本格的なボクシングジム「日本拳闘倶楽部」を開いたが、久場はその最初期のメンバーであった。しかし関東大震災後、東京で試合ができなくなったために、久場は渡辺の反対を押し切り、1924年2月〜3月に他の選手とともに上海にボクシング遠征に出かけてしまった。しかし結果は惨敗、帰国後は渡辺と決別して嘉納健治のもとにいたという。

筆者の見たところ、どうやら嘉納健治は渡辺の帰国直後から彼に接触し、彼のボクシング普及をサポートしつつ、あわよくば自分の陣営に引き入れようとしていたようである。たとえば1922年5月7日、靖国神社の角力場にて渡辺勇次郎による日本初の本格的なボクシングマッチ「日米国際純拳闘試合」が開催されたが、これに出場していた「ネルソン」「ラフェイット」は柔拳興行のボクサーであった。さらに渡辺は1922年5月20日、21日にも聚楽館で純拳闘試合を開催したが、これも嘉納健治の力添えにより実現したと思われる大会であった（詳細は筆者の論文を参照のこと）。

この嘉納健治の取り組みの影響であろうか、柔拳興行の中にも次第に純拳が入り込むようになっていった。たとえば以下の1924年9月23日付『神戸新聞』には、聚楽館で開催される第十七回神戸大会（1924年9月24日～28日）において、日本人ボクサーたちが拳闘試合を行う旨が告知されていた。

▼聚楽館　は廿四日より柔道と拳闘大試合開会、今回は日本拳闘選手の第一人者郡山東郷氏が世界拳闘選手権を獲得して上海より帰朝し此の他数名の選手を率ゐて参加し拳闘と拳闘の猛試合をなす由にて柔道家も新に関東有段者選手数名加はり意気昂然として雷

霆の如き彼我肉弾の火蓋は切られ壮絶なる大接戦を開始さる由。

記事にある「郡山東郷氏」とは、渡辺と同じくアメリカ帰りの日本人ボクサーであり、その圧倒的な強さから日露戦争の英雄・東郷平八郎になぞらえて呼ばれた郡山定吉のことである。前掲の『ボクシング百年』によれば、彼も日本拳闘倶楽部の選手として活躍していたものの、師範代として久場らとともに上海遠征に繰り出し、帰国後は「客員」として嘉納健治のボクシングクラブに所属していたという。

なお記事では「**世界拳闘選手権を獲得して上海より帰朝**」とあるが、前述のように上海遠征では大敗を喫している。またこの第十七回大会には三日目までの勝敗と得点が掲載されているが、そこに彼の名前はなく、彼が率いたとされる日本人ボクサーの名前もないため、実際に彼らがこの大会に出場したのかは不明である。

しかし後の第十九回神戸大会（1925年2月1日〜5日、聚楽館）の得点表を見ると、初日（朝日・神戸版1925・2・3）に「**庄野**」と「**島村**」の拳闘試合が行われており、柔拳興行内でデモンストレーションではない、日本人によるボクシングマッチが行われたことが確認できる。

「純拳」メインの大会もボクシング普及に利用される「柔拳」

さらに第二十回神戸大会（1925年4月11日〜15日、八千代座）では日本人対外国人の「純拳」メインの大会が開催された。なおその概要は以下の1925年4月11日付『大阪朝日新聞・神戸版』に掲載された広告の文面からうかがうことができる。

今回ヒリツピンの世界的拳闘名選手コンザロ氏が同地一流のテゴラ、キーコ、マメルト、ヘイガー四氏を引率して来朝せるを絶好の機会として近時猛烈な勢ひを以て台頭せる此世界的競技を一般的に刺激する為め日本全国の拳闘家を一堂に傘して茲に記念すべき全極東拳闘大会を開催す。外人拳闘家十九名、日本拳闘家三十二名参加す時間の都合上柔拳試合を添ふ。最も優秀なる顔觸を取組み痛烈奔放の技を尽くし拳闘試合と並びて深甚なる興味を添う。

見よ、斃れるまで闘ふ特別大試合

前掲の『ボクシング百年』によれば、このゴンザロとは上海で活躍していた「東洋の虎」の異名を持つ名選手であり、1924年11月15日に「東拳」という東京のボクシングクラブが主催した日比対抗戦のために来日し、その後は嘉納健治と契約して大阪国技館で二試合戦ったという。この試合スケジュールから考えると、このゴンザロらフィリピン人ボクサーの柔拳興行への参戦は、嘉納健治によるボクシング興行の延長線上にあったことがわかる。

またこの広告では、この大会は外国人ボクサー19名、日本人ボクサー32名が参加するという、本格的で大規模なボクシングマッチであることが強調されていた。しかし柔拳競技の方は「**時間の都合上柔拳試合を添ふ**」とされており、柔拳が純拳の穴埋め的扱いであったことがわかる。

しかし新聞紙上に掲載された三日目までの試合結果を確認してみると（又新日報1925・4・13〜15、朝日・神戸版1925・4・13）、初日は純拳6試合、柔拳4試合と純拳が多かったものの、二日目・三日目は純拳・柔拳それぞれ5試合行われており、完全にボクシングメインの大会、というわけではなかったようである。

ちなみにこの三日間の純拳試合で日本人同士の試合は2試合のみ、他はすべて外国人選手対日本人選手であり、ボクシングマッチでも「外国人対日本人」が「ウリ」になっていた様子がうかがえる。

　この純拳・柔拳の試合比率を、試合が告知通りの「純拳メイン」とはならなかったと見るべきか、あるいは半分以上も純拳に「乗っ取られた」と見るべきかは微妙なところではある。しかしなんにせよ柔拳興行において「純拳」という、ごく普通の格闘技戦が行われたことは、多様な「異種格闘技戦」を売りにしていたこの興行の路線変更を象徴する出来事ではあった。

　さらに広告を見ると、この大会は「**近時猛烈な勢ひを以て台頭せる此世界的競技を一般的に刺激する為め**」に開催されたとあり、柔拳興行がボクシング普及に利用されていたこともわかる。なお広告では最後に「**見よ、斃れるまで闘ふ特別大試合**」と結んでいるが、これもポイント制でノックアウトがおこりにくい柔拳試合を念頭においたうえで、拳闘を「**死力を尽くして戦うスポーツ**」として、その過激さを宣伝しようとしていたためかと思われる。

　このように、この大会は柔拳興行がボクシングに乗っ取られたかのようであったが、これ以降、神戸大会ではここまで露骨にボクシングをメインにした大会が行われることはなく、柔拳興行は異種格闘技戦の興行として存続することができたようである。しかし以下の第十回東京巡業（１９２７年2月18日〜27日？　観音座）での広告（都新聞　１９２７・2・18ほか）の文面からうかがえるように、東京巡業ではしばしば純拳を全面に押し出した興行が打たれており、柔拳が純拳に押されるという構図もまた存続し続けたようである。

今や拳闘熱は全く白熱化し来れり。此時此際、眞の拳闘試合の挙行を切望して止まざる。諸君の前に、巨弾は投ぜらる。来り見よ！出場選手は各国の代表的権威者揃ひなり。吾が日東選手は死盟して栄冠を把握せんとす。

柔拳興行の趣旨を根本から自壊させる動き

前述した1922年5月7日の「日米国際純拳闘試合」以降の数年間、日本では純拳はまったく人気が出なかった。しかし渡辺らによる地道な興行や拳闘を題材にした活動写真のヒットなどにより、徐々にその人気に火が付きだした。一方、前掲の『ボクシング百年』によれば、嘉納健治の方でもこのニュー・スポーツの覇権を握るために、1927年6月4日～5日には、国技館にて前代未聞の6階級タイトルマッチを開催し、いまだ小ホールでの興行で手いっぱいだった渡辺ら東京勢を圧倒している。

このボクシング界での嘉納健治の活動を踏まえた上で考えてみると、「柔拳興行での純拳試合」とは、嘉納健治が二つのニュー・スポーツのイニシアティブを握るための、あるいはそれらを融合させ、新たな興行スタイルを確立させるための布石だったことがわかる。しかし「異種格闘技戦」を見せるはずの柔拳興行で「純拳」マッチを行うということは、その興行としてのアイデンティティを根本から自壊させるものでもあった。

こうして柔拳興行は「**日本古来の角力に代るべき人気と興味**」を獲得するのと引き換えに、柔道対拳闘の技術的攻防を観戦する格闘技戦から、日本人対外国人の対決を見る「見世物」となっていった。さらに当時流行しつつあった「純拳」を取り込むことで、ついには「異種格闘技戦」という看板すら手放していった。それでは次の最終章では、この自壊の道を歩み出した柔拳興行の結末を確認した後、明治から昭和初期まで、異種格闘技戦を観戦し続けた我々が、そこから何を学ぶべきなのか考えていきたい。

第七章

「華やかなりし頃」過ぎて

―ニセモノ、八百長、そして「時代遅れ」の柔拳試合

柔拳興行の人気にあやかろうと各地で「模擬興行」が横行

ここまで、興行としての栄華と引き換えに、柔拳興行が日本人対外国人の戦いを観戦する「見世物」となり、さらには異種格闘技戦というアイデンティティすら手放していった過程を見てきた。この最終章では、柔拳興行の結末を見ていくとともに、武術・武道・格闘技を愛する我々が、これまで見てきた一連の異種格闘技戦から学ぶべきことは何かを考えていきたい。

さて「ボクシング大会」として開催された第二十回神戸大会（1925年4月11日～15日）以降も興行自体の人気は衰えなかったようで、約半年のスパンで第二十一回目（1925年9月11日～16日）、第二十二回目（1926年2月10日～15日）（図1）、第二十三回目（1926年8月2日～6日）の神戸大会が開催されていった。一方、東京でも浅草の劇場を中心に第九回目（1925年5月9日～8月4日）、第十回目（1927年2月18日～27日？　終了日不明）と順調に巡業が重ねられ、柔拳興行は神戸と浅草の名物興行として根付いていった。

しかし柔拳興行がメジャー化するにつれ、その人気にあやかろうとする輩《やから》も現れたようで

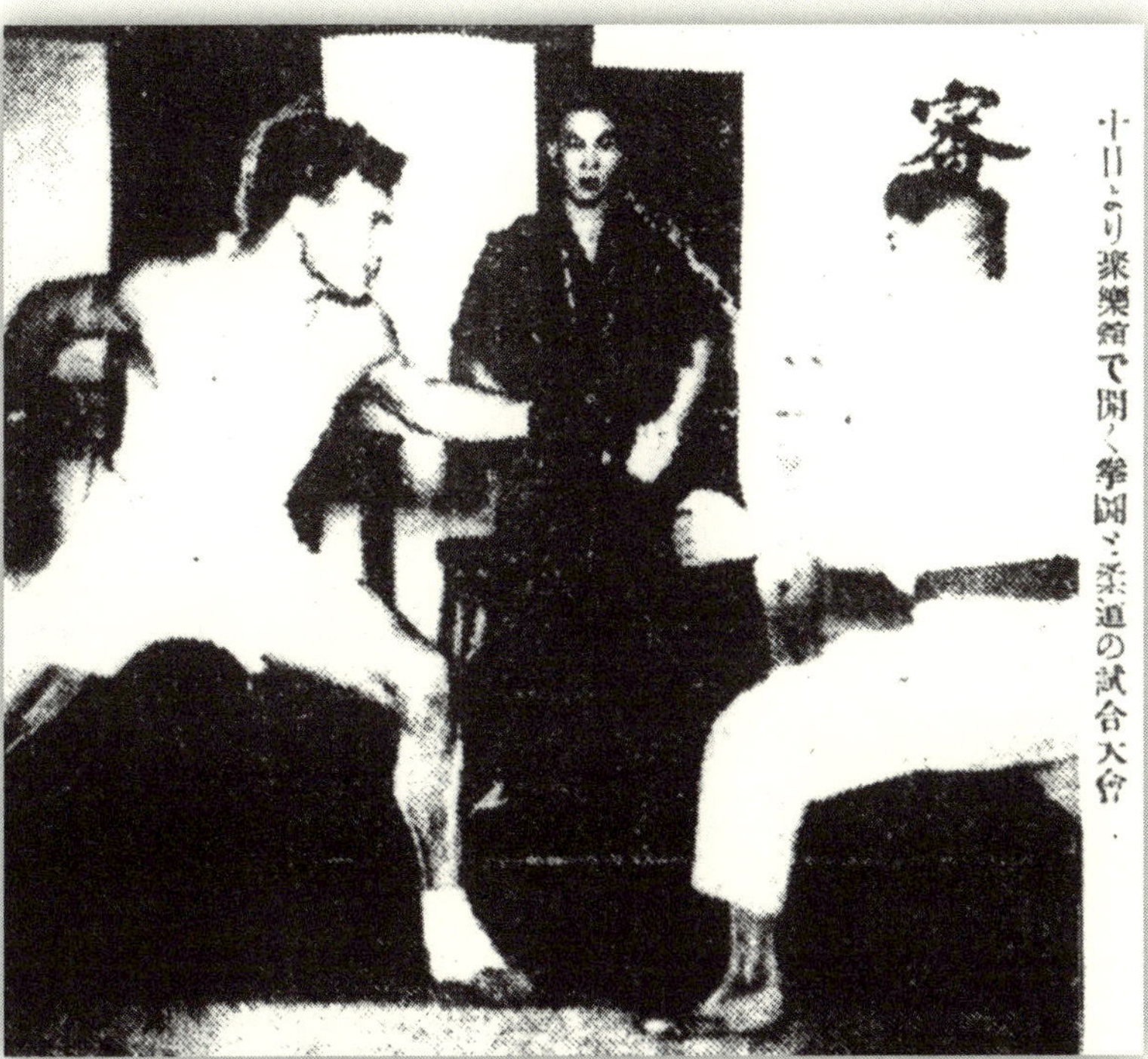

図1：第二十二回神戸大会の記事（又新日報1926.2.9）

ある。たとえばその様子は、第九回東京巡業（1925年5月9日～8月4日）中のある広告に掲載された、以下の文言からもうかがえるだろう。

試合の□（筆者注：判読不明）意　闘技の精神を忘却して観覧者を欺く模擬興行と異《（ママ）》り本会は試合の精神を尊重し廿年来一貫せる武的主義の基に堂々たる試合を行ふを以て誇とす
○世界唯一、柔拳試合の権威
○真剣試合の興味は本試合に依て見る事を得

（東京朝日　1925・7・30）

このような文言をわざわざ掲載したのは、当時、嘉納健治以外の手による「模擬興行」が横行していたためであろう。たとえば第五章で紹介した嘉納健治のロング・インタビューの中で、彼自身が柔拳興行から手を引いた理由として、柔拳興行を「**各地の興行師が、制限なく催した**」ことを上げていた。また和田信著『香具師《やし》奥義書』には、興行を打つ香具師の一種である「たかもの師」が扱う興行の解説に「**拳闘と柔道の試合、安来節、旅芝居…**」（113

頁）とある。著者の和田は実際に香具師として活動した人物であるが、彼の記述からわかるように、遅くとも彼がこの著書を出版した１９２９年までには、柔拳興行は興行師たちが好んで打つ一般的な出し物の一つとなっていたのは確かなようである。

「八百長」までもが行われる柔拳興行の〝末期的〟状況

これら興行師たちが催した「模擬興行」の様子は、ボクシング評論家・下田辰雄による以下の回想からうかがうことができる。

大正十一年ごろは、繁華街の芝居小屋とか祭礼にテント張りで、よく「柔道対拳闘」という興行が行われていた。私も子供のころ、しばしば小屋掛けのこの興業《（ママ）》を見たことがあるが、試合は決まって柔道家が勝つのである。柔道家といっても講道館や武徳館《（ママ）》出身の著名な人は少なかった。拳闘家といえば、そのころ〝ラシャ担ぎ〟として軽侮されていた流民の白系ロシア人とか、横浜の波止場の〝ごろつき〟たちをボクサーに仕立て

上げて試合させたのだから、シロウト目に見てもそのインチキさは看破できた。

下田辰雄著『ボクシング見聞録』（23～24頁）

この回想は嘉納健治の柔拳興行についてのものかもしれないが、少なくとも嘉納健治が「祭礼」、いわゆるお祭りで柔拳興行を行ったという記録は見当たらないため、ここで語られているのは「模擬興行」についてと考えていいだろう。またこの下田の回想では柔拳の「インチキさ」が指摘されているが、いつからかは不明であるものの、嘉納健治の柔拳興行においてもいわゆる「八百長」が横行していた様子がうかがえる。たとえば柔拳興行の会場の一つとして利用されていた、浅草の開盛座の関係者による回想録では、１９２９年頃のこととして以下のエピソードが記されている。

漫才、奇術、手踊り等寄せ集めの演芸大会や浪花節、前にもやったことのある柔道と拳闘の熱戦、といっても、はじめから申し合わせのある八百長試合など、行き当りばったりの興行しかできず、休座していることの方が多かった。

伊藤経一著『大正・昭和 初期の浅草芸能』（39～40頁）

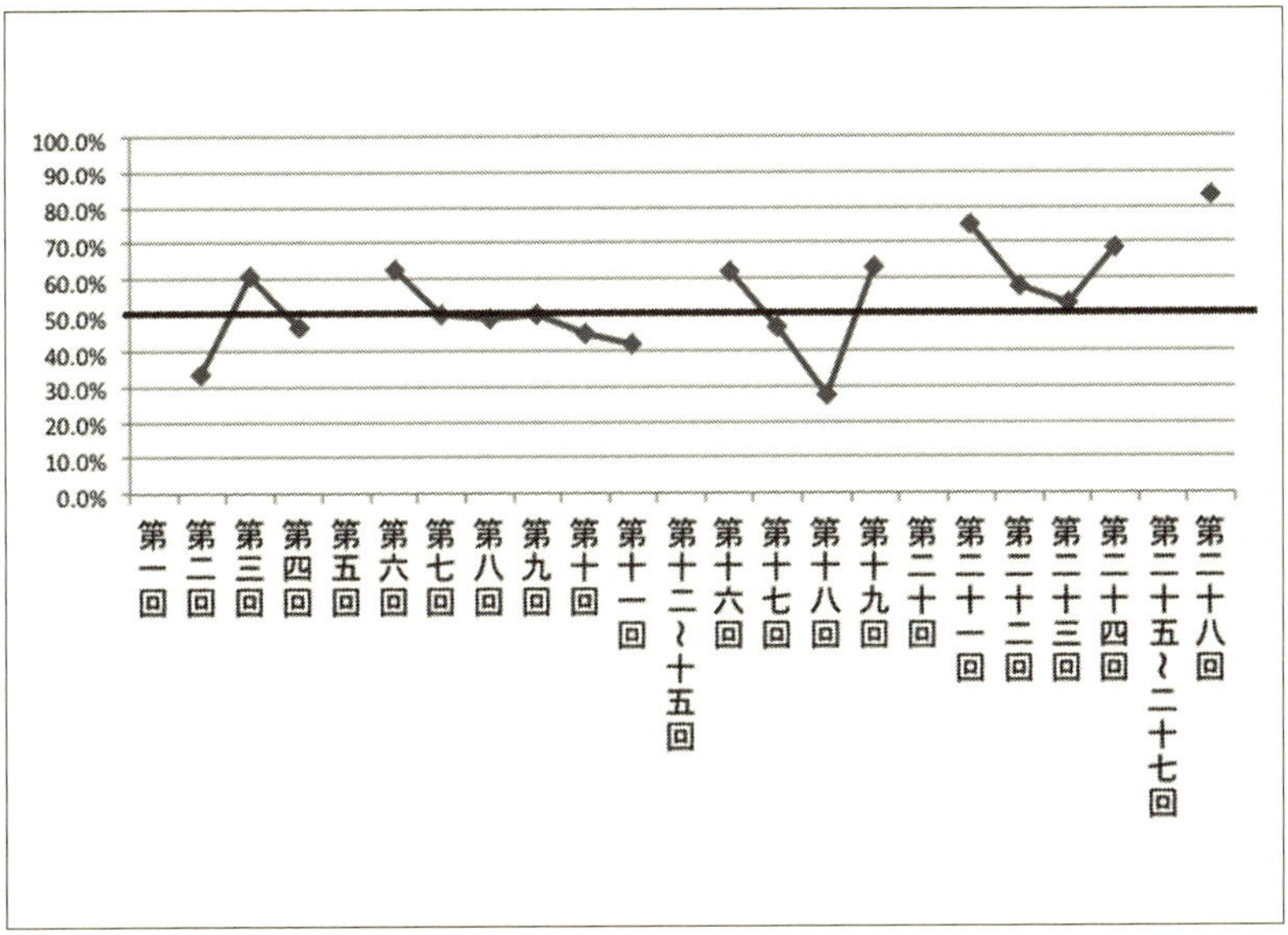

図2：柔拳興行における柔道側（対拳闘）の勝率の推移。
（ただし第一、五、十二〜十五、二十、二十五〜二十七は結果掲載なしのため空欄。筆者著「嘉納健治の「柔拳興行」と日本ボクシング史におけるその位置づけ」を元に筆者作成）

さらに図2は、これまで新聞紙上で発表されてきた神戸の柔拳興行の試合結果のうち、柔道側の勝率の推移をグラフにしたものである。この図を見ると、後になればなるほど、柔道の勝率が上昇しているのがわかる。この上昇が「八百長」のためであったとは断定できないものの、少なくとも柔拳興行の末期には「試合は決まって柔道家が勝つ」八百長まがいの「見世物」的試合が行われていたようである。

こうして「見世物」に堕した柔拳興行は、「日本人」の活躍を目撃したい大衆のニーズをつかみ、相撲にとって代わる「国民的競技」となっていった。しかしこの栄華もそう長くは続かなかった。その凋落の引き金となったのは、柔拳興行を生み育ててきた柔拳興行の「聖地」、神戸新開地・聚楽館の映画館化であった。

「映画」と「純拳」という〝昭和〟のニューエンターテインメントに圧倒される

大正も終わり頃になると、当時最新の娯楽であった活動写真が神戸でも流行し始めた。たとえば1927年11月10日付『大阪朝日新聞・神戸版』掲載の文部省による「活動写真が青少年の教育に及ぼす影響」の調査結果によれば、当時、兵庫県における活動写真館は常設館33か所、随時興行38か所、一年間の観覧者延べ人数は兵庫県全体で約913・6万人、神戸市だけでも約642・8万人にものぼったという。

この活動写真の勢い、そしてライバル会社の「松竹」にも押されて劇場経営が悪化、ついに聚楽館は1927年（昭和2年）年9月からは映画館となり、二年後には松竹の経営となってしまった（和田克己編著『むかしの神戸』189頁、朝日・神戸版1927・7・23、30）。こうして大正の終わりとともに、劇場文化の華盛りもまた終わりを告げたのであるが、この終焉は柔拳興行にとっての「舞台」を失うことを意味した。

事実、この映画館化以降、神戸ではなかなか次の興行が打たれず、次の第二十四回神戸大会が行われたのは前回の大会から一年も過ぎた1927年8月14日～21日であった。この大会は八千代座（元・日本劇場）にて開催されたが、聚楽館の映画館化や一年間のブランクによるダメージを取り戻すべく、盛り返しを図るさまざまな試みが行われた。

たとえば1927年8月12日付『大阪朝日新聞・神戸版』によれば、「**往年の名選手東郷、澤田勇退し川島、中川、本田、清川は選手権を後進に譲つて審判の立場に立ち現選手は新進気鋭の士のみ**」と、全面的な新旧の選手入れ替えが行われたという。

また1927年8月15日付『神戸新聞』によれば、この大会では以下のようなルール改定が行われたという。

拳闘家得点打撃（顔面、胸部）一点ノツクダウン（打撃により倒す）一点、ノツクアウト（打倒して起つこと能はざらしめる）各二点、柔道家得点投げ二点（締め、逆、押へ込み）各一点

このボクシング用語を散りばめた改定ルールからは、柔拳興行が当時大流行の「純拳」におもねることで、なんとか人気を取り戻そうと苦心しているのがわかる。

しかしその努力もむなしく、次の第二十五回神戸大会（1928年9月22日〜26日、八千代座）までには約一年間のブランクを経ることになった。しかしこの大会ではこの凋落を何とか食い止めようと、さらなる再建プランが試みられた。たとえば1928年9月25日付『大阪朝日新聞・神戸版』には以下のようにある。

◇華やかなりし頃　八千代座の柔拳試合にはかつて斯界の猛者であり今は活動界にある

マキノプロの東郷久義、サワダプロの澤田義雄が久々に顔を出し他にもお馴染の強豪連多く、これを映画化すればさしづめ題名は「柔拳道華やかなりし頃」

またこの大会では「華やかなりし頃」を取り戻すべく、連日のように各紙で広告が打たれた。それらを確認すると東郷や澤田の外にも、引退して審判役に回った中川・清川・本田・岩見らのかつての主力メンバーが選手としてカムバックしていることがわかる。この旧メンバーの復帰は功を奏したようで、続く第二十六回神戸大会は約2か月後の1928年11月4日〜8日？）に多聞座で開催され（図3）、次の第二十七回神戸大会もその約2か月後の1929年1月22日〜27日に会場を八千代座に戻して開催された。

しかし第二十七回大会の大会期間中の1月23日〜27日『大阪朝日新聞・神戸版』『神戸新聞』『神戸又新日報』に連日掲載された広告（図4）には「**国際闘技中・最も直情的な血闘戦　柔・拳大試合　撃テ!!　投ゲ!!　絞メ!!　倒セ!!**」と、これまで以上に過激で暴力的な煽り文句が躍っており、柔拳興行が終に「残酷ショー」にまで堕してしまったかのようである。しかしこのなりふり構わぬ「人気取り」も長くは続かなかったようで、当初28日までの予定だった第二十七回大会は「**都合により廿七日で打ち上げ**」（神戸新聞1929・1・28）となった。

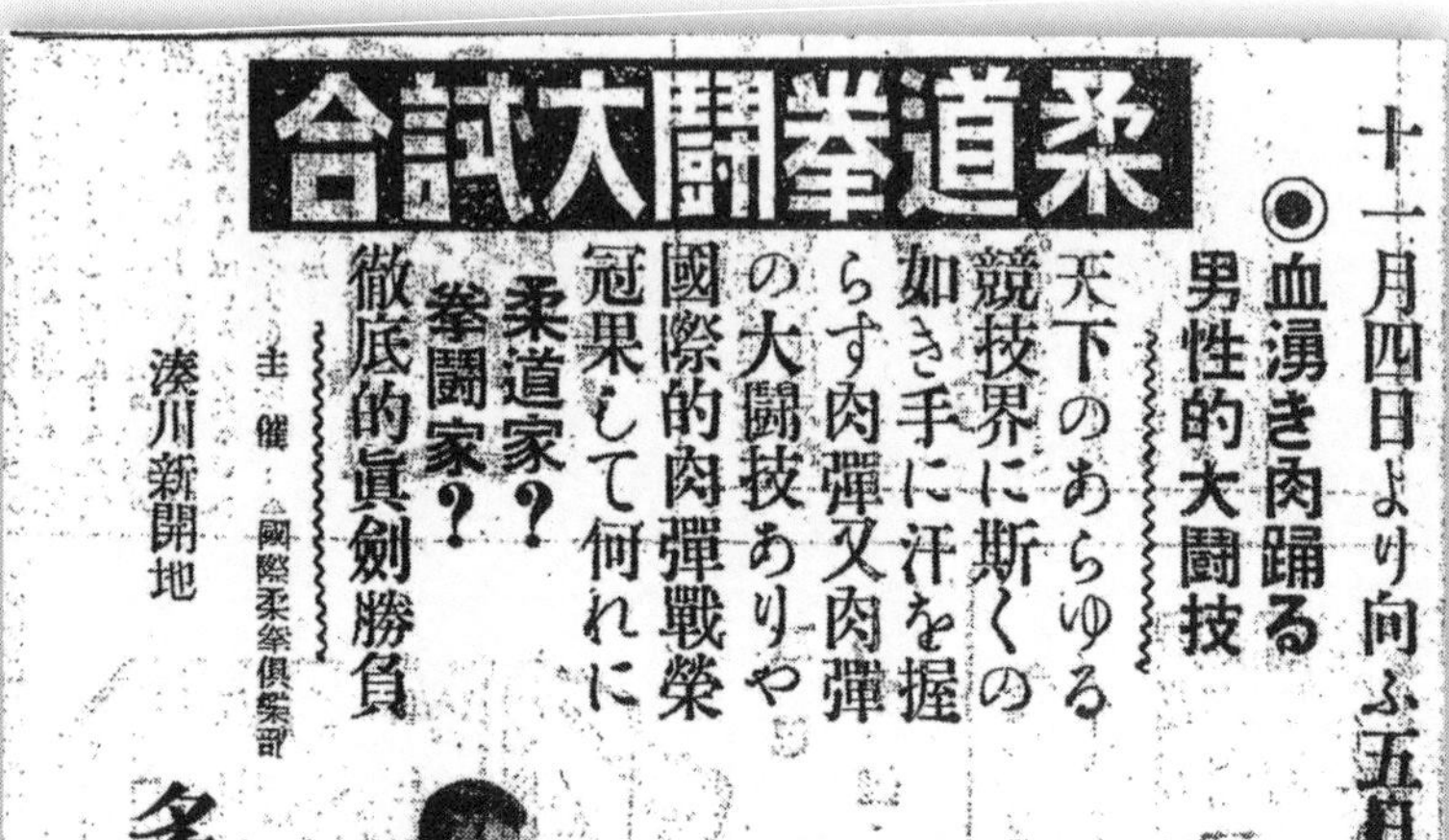

図3：第二十六回大会の広告（又新日報1928.11.4）

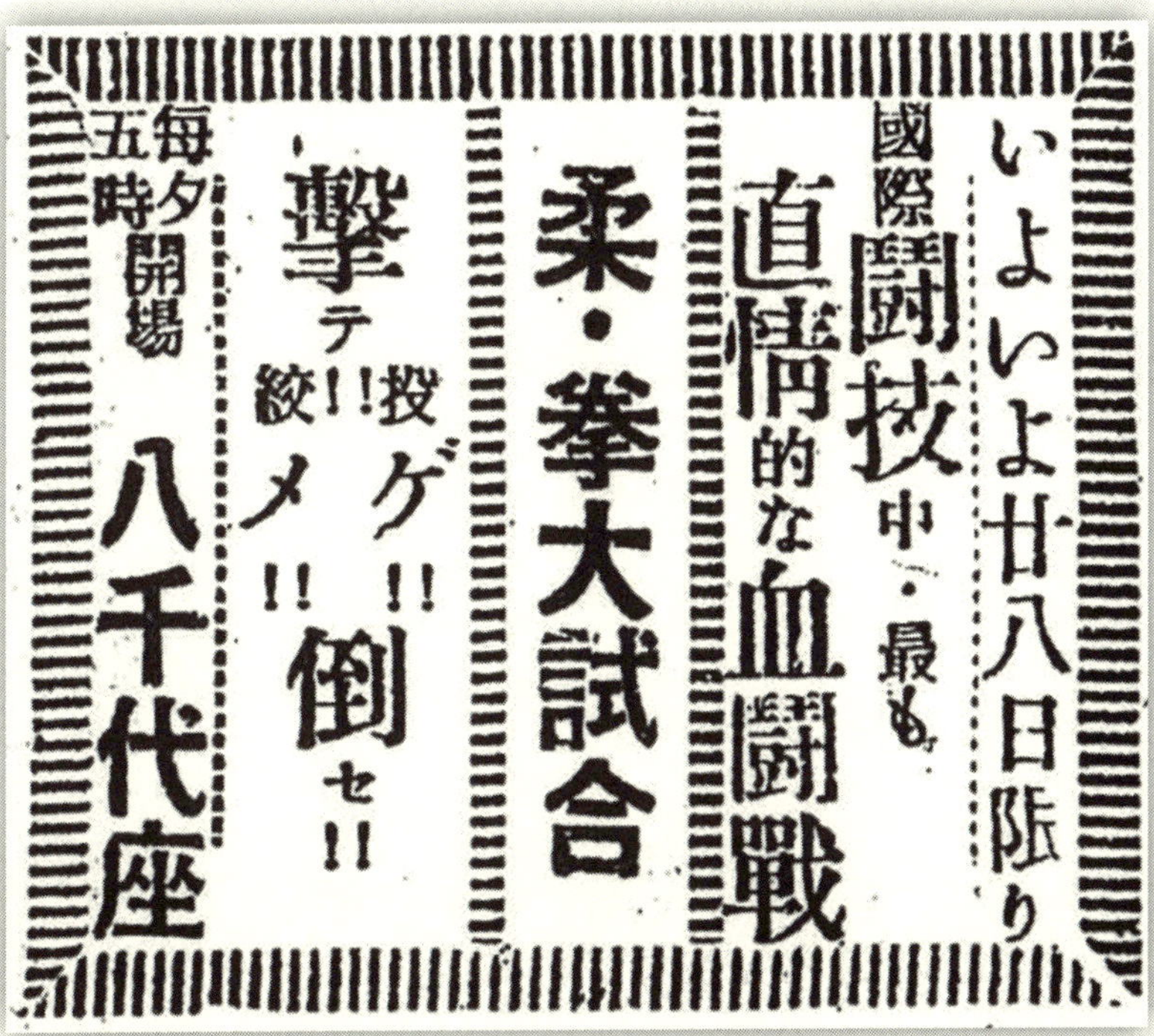

図4：第二十七回大会についての広告（又新日報1929.1.27）

そしてこの大会から一年以上過ぎた1930年5月15日〜18日、第二十八回神戸大会が八千代座にて開催されたものの、ほとんど記事にされることもなく、これを最後に神戸の新聞紙上で柔拳興行の名を目にすることはなくなった。

一方、東京巡業は第十一回目（1929年12月17日〜27日？）が浅草の公園劇場、第十二回目（1930年4月22日〜終了日不明）が神田の神田劇場、第十三回目（1930年8月1日〜7日？）が再び浅草の公園劇場、第十四回目（1931年8月8日〜12日）が浅草の松竹座にて開催されたものの、いずれも単館での興行であった。そして筆者が確認した限り、この第十四回目の巡業が、最後の柔拳興行となったようである。

こうして「武術としての柔道」の創作を目指した柔拳興行は、その興行的な発展と引き換えに「見世物」となっていったが、最後は「映画」と「純拳」という昭和を代表するニュー・エンターテインメントに圧倒される形で歴史の舞台からひっそりと消えていった。

異種格闘技戦の歴史から学び取れること
――広がる武術性探求の可能性

最後にこれまでの内容を振り返りつつ、我々がこれら異種格闘技戦の歴史から学びうることを確認して、本書を閉じよう。

第一章では力士とペリー水兵の「勝負」から、日本では開国当初から日本武道対海外マーシャルアーツの異種格闘技戦が期待されていたことを確認した。第二章では、J・スラヴィンと慶應義塾の柔道家たちによる「幻の一戦」から、異種格闘技戦における敗北は自派の発展にとって大損害となるために、純粋な「ビジネス」としては成り立ち難いことがわかった。第三章で見た講道館員と水兵ボクサーによる「横浜柔拳試合」はビジネスではなく「腕試し」として行われたものの、試合ではお互いのメンツがぶつかり合い、選手・観客双方ともが納得しうる公平で客観的なルール作りには失敗してしまった。

一方、第四章で見たE・スミスらによる巡業は「腕試し」ではなく「研究」名目で開催することで、「比較研究」に基づいた公平かつ明確なポイント制を設定することができた。そのためこの巡業は興行としては不振であったものの、異種格闘技戦をそれまでの自派のメンツをかけた「決闘」から、選手の技量を競う「競技」へとシフトさせることに成功した。

そして第五章から見てきた嘉納健治による柔拳興行は、当身に対する防御法を研究するという「趣旨」を打ち出し、興行を柔道の武術性回復のための「実験場」とすることで、一般客のみならず武道愛好者にも支持される人気興行となった。しかし第六章以降見てきたように、その人気が仇となり、柔拳興行は次第に集客至上主義の「演芸場」へ、そして日本人が外国人を投げ倒す「見世物」へと変質し、最後には映画と「純拳」に押し出される形でその幕を閉じた。

この異種格闘技戦の歴史からは、以下の点が学びとれるだろう。第一に、両者が共通のルールで戦う総合格闘技とは異なり、異種格闘技はそれぞれの武道・格闘技の長所や特徴―特に攻撃方法―を発揮しうる個別のルールで行われること。第二に、この個別のルールを採用することで、異種格闘技戦は自派が培ってきた「伝統的な」攻撃法を固持したまま、オールラウンドの防御法を開発する「武術性」探求の場となりうること。第三に、そこを「探求の場」とし続けるためには、ビジネス主義や観客至上主義に陥ることなく、自らの武道・格闘技の伝統を保持した上での「現代化」という目的意識を死守しなければならないということ。

このように見ていくと、異種格闘技戦とは各武道・格闘技の「伝統」や「アイデンティティ」

を維持したままで、その武術性を回復・増大させる場に思えてくる。そしてその場を守るものは、オープンマインドで他流派と交流し、自派と他派、それぞれの技術を尊重しつつ、次の時代にも通用する新たな「伝統」を生み出すべく、ともに切磋琢磨しようとする心意気なのかもしれない。本書の読者の多くがそれぞれの武術・格闘技の「伝統」を大切にする方々であると思う。そんな我々がこの歴史から学びうることとは「武術性探求のための異種格闘技戦の可能性」だと主張したい。

さて。あの武術とこの武術、どっちが強いんだろう……？　そんな素朴で難解な疑問を抱きつつ、これまでに先人たちによって積み重ねられてきた「回答」、そしてその「可能性」を見てきた。今度は、我々自身が多くの「武林之朋友」とともに、その答えを見つけにいく番ではなかろうか。ではではこれにて、完。

特別編

沖縄空手対ボクシング

―本部朝基の柔拳興行飛入戦

空手家、本部朝基
異種格闘試合に飛び入り参加

大正時代、京都にて実戦唐手《からて》の雄・本部朝基《もとぶちょうき》が柔道対拳闘の試合に飛び入りし、見事一撃でボクサーを倒す—この試合（以下「本部戦」）は、唐手の高い武術性を証明するものとして知られている。私も武友たちからその詳細を尋ねられてきたが、どうもその実態がよくわからなかった。そこでこの本部戦について、柔拳興行の視点から調べてみた。

残念ながら、柔拳興行の試合記録には「本部」という選手名は見当たらなかった。そこでまずはこの本部戦を世に知らしめた、戦前を代表する大衆雑誌『キング』大正14年1巻9号掲載の鳴絃楼《めいげんろう》主人著「肉弾相搏つ唐手拳闘大試合」（以下「大試合」）の概要から見ていくことで、この謎の一戦に迫っていこう。

1922年（大正11年）11月、京都での拳闘対柔道の試合でのこと。その楽屋に「**見るから田舎爺《ゐなかおやぢ》らしい一人の男**」（196頁）—すなわち本部朝基—がふらりとやってきた。彼は柔道も拳闘もやらないというが、「**あんな試合なら、私にも出来さうです。**」（197頁）と、

図1：実戦唐手の雄、本部朝基（右）。（本部朝基著『沖縄拳法唐手術 組手編』唐手術普及会、1926年、22頁）『国立国会図書館デジタルコレクション』から転載

飛び入りを申し込んできた。また本部は蹴りと拳での突き・打ちが禁止というルールを説明された際には、「平手」が使用可であることを確認したという。こうして本部は拳闘家のヂョージと柔道着を着て素手で対戦することになった。

試合が始まり、本部が「**唐手に於ける少林流、ピンアン四段の構へ、左手に敵の攻撃を受け拂ふが否や、右手の拳弾を食はす**」（202頁）構えをとると、彼が唐手家であると看破する者もあらわれた。本部はこの構えのまま左手一本でヂョージのパンチをすべて捌き、さらにヂョージが意を決して放ったフルスイングに合わせて「**右の平手、電光の如く突き出**」（２０３頁）したところ、**「ヂヨージは、口鼻の間を、平手にズズーンと突き上げられ**」（２０３頁）、そのまま倒れ込んでしまったという。

「大試合」の内容を複数の資料から検討・確認する

以上が「大試合」の概要であるが、その真偽を確認するためにまずはこの著者・鳴紘楼主人とはどのような人物なのか、から見ていこう。

阿川弘之著『山本五十六（上）』の一節に「**当時**（筆者注：１９３６年頃）**二六新報の社長だった松本賛吉は、鳴弦楼の号で「柔道名試合物語」などの著書のある人であるが**」（２６６頁）とあるように、鳴紘楼主人（鳴弦楼主人、松本鳴弦楼とも。以下「鳴弦楼主人」）の本名は「松本賛吉」と言い、二六新報社の社長をつとめた出版人でもある。鳴弦楼主人は『キング』創刊号から「名人達人決死の大試合」という各分野、特に武術・武道の「名勝負」を紹介する読物を連載していた。

この鳴弦楼主人、『キング』第二巻十二号掲載の「大試合を書く苦心」という自筆のコラムによれば、彼自身、大抵の武道やスポーツを経験し、普段から足しげく観戦に出かけており、それゆえ「**自分の書く材料は、昔のものは兎も角、大抵自分の目撃した事実である**」（268頁）と断言している。さらに『キング』第二巻二号には、鳴弦楼主人が「**ヒヨツコリ柔道の本山講道館の道場に顔を出すと、大火鉢を取巻いた有段者連**」（280頁）が連載をほめちぎっており、鳴弦楼主人は誰だろうか、と鳴弦楼主人に尋ねてきたので「**御当人面喰ふこと甚だし**」（280頁）という逸話も掲載されており、彼が講道館と深い関わりがあったこともわかる。

「大試合」は、このスポーツ・武道経験が豊富で取材を重んじる鳴弦楼主人によって書かれたものであり、その大筋は十分信用できるだろう。しかし本部戦があったとされる大正11年はこの「大試合」発表の3年も前であり、さらにそれは京都の小さな興行での出来事であった。そのためさすがの鳴弦楼主人も直接観戦して執筆したとは思えないため、その内容については他の資料からも検討・確認する必要があるだろう。

幸い、本部戦についてはいくつかの記事や証言が残されている。たとえば「大試合」発表の約2か月前の1925年（大正14年）6月27日付『沖縄朝日新聞』では、京都市で本部がロシア人ボクサーと対戦し、その「**首筋にイヤといふほど一撃を喰はしたら流石《さすが》豪《ごう》の者の拳**

闘家もヨロ〱とよろめき傷手《いたで》を負ふて直ちに降参……露国人はそれ以来首筋が曲」がってしまった、また「**雑誌キングの如きは八月号に露人との試合記を掲載すべく準備中である（東京通信）**」と伝えている。

さらに本部戦から10年以上過ぎた１９３６年（昭和11年）11月9日〜11日付『琉球新報』掲載の「青年唐手家主催・座談会（一）〜（三）」の（三）では、本部本人がこの試合について語っている。筆者はこの記事を沖縄空手会館の特別展示で拝見したものの、まだ原文を未入手である。しかし本部朝基の流儀を伝承する『本部流』公式ＨＰにこの記事が転載されているため、全文はこの公式ＨＰを見ていただくことにして、ここではこの転載記事をもとにその内容を以下に要約して紹介させていただくことにした。

大正12年頃、本部は京都において「**ジョン何とか**」という外国人ボクサーに「**試合を申し込んだ**」。そして翌日、素手で対戦することになったが、はじめ相手は背の小さい本部を子ども扱いして侮っていたという。しかし「**二回目の試合**」（第二ラウンド？）のさいに「**奮然と攻勢に出て向こうが力でブッとやって来た刹那、相手のこめかみを一つうんとやっつけたら、その場に見事ぶっ倒れてしまった**」という。また本部曰く「**平手で張ったなどと書き立てられたが、平手なんかで相手するものか。パッと拳を突いたのが早いので、見物人は平**

手だと思っていたらしい」ということだそうだ。

このほかにも、本部氏が大阪から沖縄に帰った昭和15年頃に指導を受けたという名嘉真《なかま》朝増《ちょうぞう》氏へのインタビュー記事・謝花清人《じゃはなせいじん》著「実戦空手の先駆者　武勇・本部朝基《モトブヌサールー》」によれば、本部が大阪にいた頃、下宿の主人に勧められて飛び入りし、巨漢のロシア人・ジョンソンに素手で立ち合ったが、二ラウンド目にその「**耳の後を飛び上がり様、手拳《こぶし》で突い**」（108頁）て倒したという話を、名嘉真氏は本部本人から聞いたという。

なお本部の言動をまとめた「本部朝基先生・語録」（『本部朝基正伝』収録）の中にも「**27、自分は外人拳闘家と京都で試合をしたとき、相手が背が高いので、飛び上がって顔を突いて倒した。自分より上背のあるものには、飛び上がって突くのが利く。**」（46頁）とあり、この大ジャンプ突き？が本部戦の決まり手だったことがわかる。

同様に長嶺将真《ながみねしょうしん》著『史実と口伝による沖縄の空手・角力名人伝』によれば、新垣安吉《あらかきあんきち》、喜屋武朝徳《きゃんちょうとく》、そして本部朝基に師事した長嶺将真氏も、本部氏から次のような話を聞いたという。「**本部先生五十二、三歳の頃**」（144頁）、大正十年頃のこと、遊びにいった京都で「**「飛び入り大歓迎」の看板を掲げた拳闘大会の興行が目にとまり、そのまま観戦することとなった。幾組かの前座試合が終ったあと、突然、六尺豊かな外人がリングへ上がってきて**」（142

図2：ロシア人のジョン・ケンテル（筆者蔵の絵葉書より）

頁）、この客席に向かって対戦相手を募ったために、本部は飛び入りすることにしたという。

なお長嶺氏によれば、世間ではこの外国人が当時著名なロシア人怪力家ジョン・ケンテルだったという説が流布されているが、それは誤りであり、実際には無名のプロボクサーだったという。また金城裕氏も「拳豪・本部朝基　その実像を求めて」（『空手道全科』収録）というエッセイの中でこのケンテル説を否定しているところを見ると（96頁）、この説は相当信じられていたようである。

そもそもこのジョン・ケンテルとは、

当時、全国で力業を披露した怪力家のことであるが、『武道学研究』43巻Supplement号(13頁)掲載の本部・池田の学会発表要旨によれば、1920年(大正9年)及び1926年(大正15年)にのみ来日が確認できるため、大正11年には本部との対戦は不可能であるという。

なお1925年12月25日・27日付『神戸新聞』によれば、12月25日〜27日に八千代座で力技を公開したオスカル・ケンテル氏は、「**ジョン・ケンテル氏の高弟で二代目のケントル《(ママ)》**」(神戸新聞1925・12・25)であり、怪力家にも師弟関係や「一門」があったことがわかる。

ちなみにこの説が信じられた背景としては、ケンテルが沖縄にも興行にやってきており(「拳豪・本部朝基　その実像を求めて」96頁より)、沖縄の人々になじみ深かったこと、本部が対戦相手を「ジョン何とか」と語っていたことが考えられる。さらに第二章で見たスラヴィンのボクシング戦の対戦相手・ルシファーも怪力家であり、柔拳興行でもロシア人のボクサー兼レスラー・シミスらが興行で怪力芸を披露していた等、格闘家兼怪力家が珍しくなかったためであろう。

ジョージ？　ジョンソン？　ジョン？
対戦相手は誰だったのか？

さて話を戻して、これらの記事・証言をまとめてみよう。まずは本部戦の「決まり手」が「拳」による一撃だったのは間違いないようである。しかし柔拳興行では素手による「当身」はルール違反であるため、「拳」で打った本部は反則負けとなる。鳴弦楼主人はこの点を考慮し、わざわざ「平手」と書いたのかもしれない。

続いて本部戦の時期についてであるが、長嶺氏は大正10年頃（1921年）、「大試合」は大正11年（1922年）11月、本部氏は大正12年（1923年）頃としている。また対戦相手は「大試合」は「ヂヨージ」（国籍不明）、沖縄朝日新聞は「露国人」、本部氏は「ジョン何とか」（国籍不明）、長嶺氏は無名のボクサー、名嘉真氏は「ロシア人ジョンソン」としている。ではこれらを手掛かりに、いよいよ柔拳興行側の視点からこの本部戦について探っていこう。

まずは対戦相手の特定である。試合結果等から「ジョージ」（ヂヨージ）、「ジョンソン」という選手の在籍が確認できた。また1923年10月20日付『京都日出新聞』「読者と演芸」

図3:「ジョンソンと井上二段との試合」とある。ジョンソン(左)は、写真を撮るためか、随分と低い構えで写っている(京都日出新聞1923.7.14)

欄には「**【問】…（略）…国別で拳闘選手を知らして下さい（拳士山根生）【答】露国人が一等多く…（略）…ジヤクソン、ヂヨージ・フツド、英人がジヨンソン…**」とあることから、ジョージがロシア人、ジョンソンがイギリス人―ただし「**（拳闘）米人ジヨンソン**」（都新聞1921・8・24）ともあることから米国人の可能性も―であることも確認できた。また本部の「ジョン何とか」はファーストネームが「ジョン」だったという意味にも取れるが、柔拳興行には「ジョン・ケレー」と「ジョン・ヘーガー」という米国人選手もいたことがわかった。

以上、四名の試合結果及び出場予定についての記述を、これまで本書で取り上げてきた『神戸新聞』（1919〜1930年）、『都新聞』（1921〜1931年）、『大阪朝日新聞』（1923年9月23日）、『大阪朝日新聞・神戸版』（1920〜1929）、『大阪毎日新聞』（1919〜1921年）、『東京朝日新聞』（1909〜1925年）、『読売新聞』（1920〜1931）、『神戸又新日報』（1919〜1930年）、及び1920〜1923年（大正9〜12年）の『京都日出新聞』『京都日日新聞』『大阪朝日新聞・京都附録』（試合日程については『近代歌舞伎年表　京都編』第7、8巻から特定）を用いて確認したのが表1である。○が出場あるいは出場予定が確認された大会であり、◎が京都での大会である。また京都大会についてはまだその全貌が不明のため、大会回数については暫定的なものである。

			ジョージ	ジョンソン	ジョン・ケレー	ジョン・ヘーガー
1920年（大9）	2月1日～5日	第2回神戸大会			○	
	6月30日～7月6日？	第2回京都巡業				
	10月22日～31日	第4回神戸大会				○
	12月21日～24日	第3回京都巡業				◎
1921年（大10）	11月2日～6日	第7回神戸大会		○		
	7月1日～8月26日	第4回東京巡業		○		
	8月29日～9月4日	第4回京都巡業			◎	
1922年（大11）	8月29日～9月6日	第7回京都巡業		○	◎	
	11月28日～12月10日	第8回京都巡業				
1923年（大12）	3月6日～10日	第10回神戸大会		○		
	3月29日～4月8日	第9回京都巡業	◎	◎		
	5月1日～6日	第11回神戸大会		○		
	7月11日～18日	第10回京都巡業	◎	◎		
	8月30日～9月10日	第11回京都巡業	◎	◎		
	9月11日～21日	第12回神戸大会	○	○		
	9月24日～?	第7回大阪巡業		○		
	10月18日～28日	第12回京都巡業	◎	◎		
1924年（大13）	3月1日～5日	第13回神戸大会		○		
	5月1日～5日	第15回神戸大会		○		
1925年（大14）	4月11日～15日	第20回神戸大会		○		
	9月11日～16日	第21回神戸大会		○		
1926年（大15/昭1）	2月10日～15日	第22回神戸大会		○		
1927年（昭2）	2月18日～27日?	第10回東京巡業	○			
	8月14日～21日	第24回神戸大会			○	
1928年（昭3）	11月4日～8日?	第26回神戸大会	○			
1930年（昭5）	4月22日～?	第12回東京巡業	○	○	○	
	5月15日～18日	第28回神戸大会	○			
	8月1日～7日?	第13回東京巡業	○	○	○	

表1：対戦相手候補の出場記録一覧

さて表を見ると、本部戦が行われたとされる時期（色付きのセル）では、大正10、11年ではケレーとジョンソン、大正12年ではジョンソンとジョージが選手として活動している。この出場状況から考えると、対戦相手はジョンソンあるいはジョージと思われるが、多くの資料で相手は「ロシア人」とされている点を考慮するとジョージの方が有力である。もっとも上記の『京都日出新聞』にてファンが選手の国籍を尋ねていることを考えると、観客も、そして本部本人も選手の正確な国籍を知らず、ジョンソンを「一等多」いロシア人だったと勘違いしていた可能性も捨てきれないが……。

柔拳興行における「飛入」試合の割合と「飛入」選手の勝率

次は少し視点を変えて、柔拳興行における「**飛び入り**」の位置づけを考えてみよう。もともと柔拳興行では、飛び入りがごく一般的に行われていた。たとえば第四章で取り上げたスミスらの巡業でも多くの飛び入りがあったが、神戸の柔拳興行でも第六回大会（1921年5月1日～5日）頃までは飛び入りでの試合や飛び入り募集が盛んであり、東京巡業の広

図4：「柔道と拳闘試合（南座）」とある。左の柔道家の後ろに「東郷」の文字が見える（京都日出新聞1923.4.6）

第二回京都大会

	試合数	拳闘	柔道	中止	引分	柔道勝率	中止率
レギュラー	28	10	12	5	1	54.5%	17.9%
飛び入り	15	5	3	7	0	37.5%	46.7%
全体	43	15	15	12	1	46.0%	32.3%

第三回京都大会

	試合数	拳闘	柔道	中止	引分	柔道勝率	中止率
レギュラー	14	5	8	1	0	57.1%	7.1%
飛び入り	14	12	2	0	0	14.3%	0.0%
全体	28	17	10	1	0	35.7%	3.6%

表2：第二回、第三回の結果集計
※1920年6月末〜12月末『京都日出新聞』『京都日日新聞』『大阪朝日新聞・京都附録』を元に筆者作成

告でも第7回大会（1924年10月31日〜11月25日）頃までは「飛入歓迎」の文字がしばしば見られた。

この傾向は京都においても同様であり、たとえば第一回大会（1920年夏頃、市公会堂）は資料不足で詳細不明であるが、第二回大会（1920・6・30〜7・6、南座）では「**前回同様柔道家飛入と競技する事となれり**」（大阪朝日新聞・京都附録1920・6・29）と報じられており、第一回大会から飛び入りがあったことがわかる。また第二回大会（1920・6・30〜7・6、南座）及び第三回大会（1920・12・21〜24、南座）ともに各紙に全日程の試合結果が報じられているが、それらをもとに、レギュラー戦と飛び入り試合の区別、及びボクサーと柔道家の勝敗を集計したのが表２である。

表２を見ると、第二回大会では全43試合のうち15試合（34・９％）が飛び入り戦であった。また柔道側の試合勝率を計算してみると、レギュラー戦が54・５％とやや勝ち越しているのに対して、飛び入り戦が37・５％とかなり負けこんでいる。また試合結果の記事には、双方の獲得ポイントが掲載されているものの、「中止」と記されている試合も散見される。これはおそらく試合中に鼻血などの負傷が生じ、レフリー・ストップあるいは無効試合となったものかと思われる。この中止が占める割合（中止率）を計算してみると、レギュラー戦17・９％に対して、飛び入り戦46・７％となっており、飛び入り戦の約半数が最後まで行われなかったことがわかる。

第三回大会でも全28試合のうち14試合（50・０％）が飛び入り戦であり、飛び入り戦では中止はなかったものの、その柔道勝率は14・３％に激減している。これはおそらく前回大会では負傷すると「中止」としたものを、今大会からその時点までの勝敗を決するか、あるいは負傷側の敗北としたためであろう。これらの結果を見る限り、両大会とも飛び入り選手たちは惨敗したと言えるだろう。

この第二、三回大会後、本部戦までの間、「**試合希望者は飛入随意**」（京都日出新聞

1921・9・5）との記事も見られることから、飛び入り自体は募集していたようであるが、試合結果に「飛入」と記された記事は今のところ未見である。

神戸の柔拳興行でも飛び入りが盛んだったのはごく初期であったことを考えると、「飛入」はこの新進気鋭の格闘技興行の「宣伝」や「話題作り」には役立ったものの、その知名度や人気が高まれば不要となったのかもしれない。あるいは飛び入りの選手が活躍できずに観客の不興を買ったために、早々に試合プログラムから外した可能性もあるだろう。

これらの状況から考えると、本部が飛び入りした大正10年〜12年頃の興行では、飛び入りは募集されていたものの滅多に行われず、実施されたとしてもプログラム外の余興やエキジビションであったようである。さらに本部戦は「拳」で対戦相手を倒しているために「反則負け」や「中止」に該当する試合であったために、柔拳興行にとってその試合は特に注目すべきものではなかったのかもしれない。一方、それは本部側にとっても同様だったのではなかろうか。確かに本部戦は本部の武名を高めた一戦ではあったものの、日時や対戦相手について本人の記憶もあいまいであり、強い印象を残す戦いだったようには思えない。

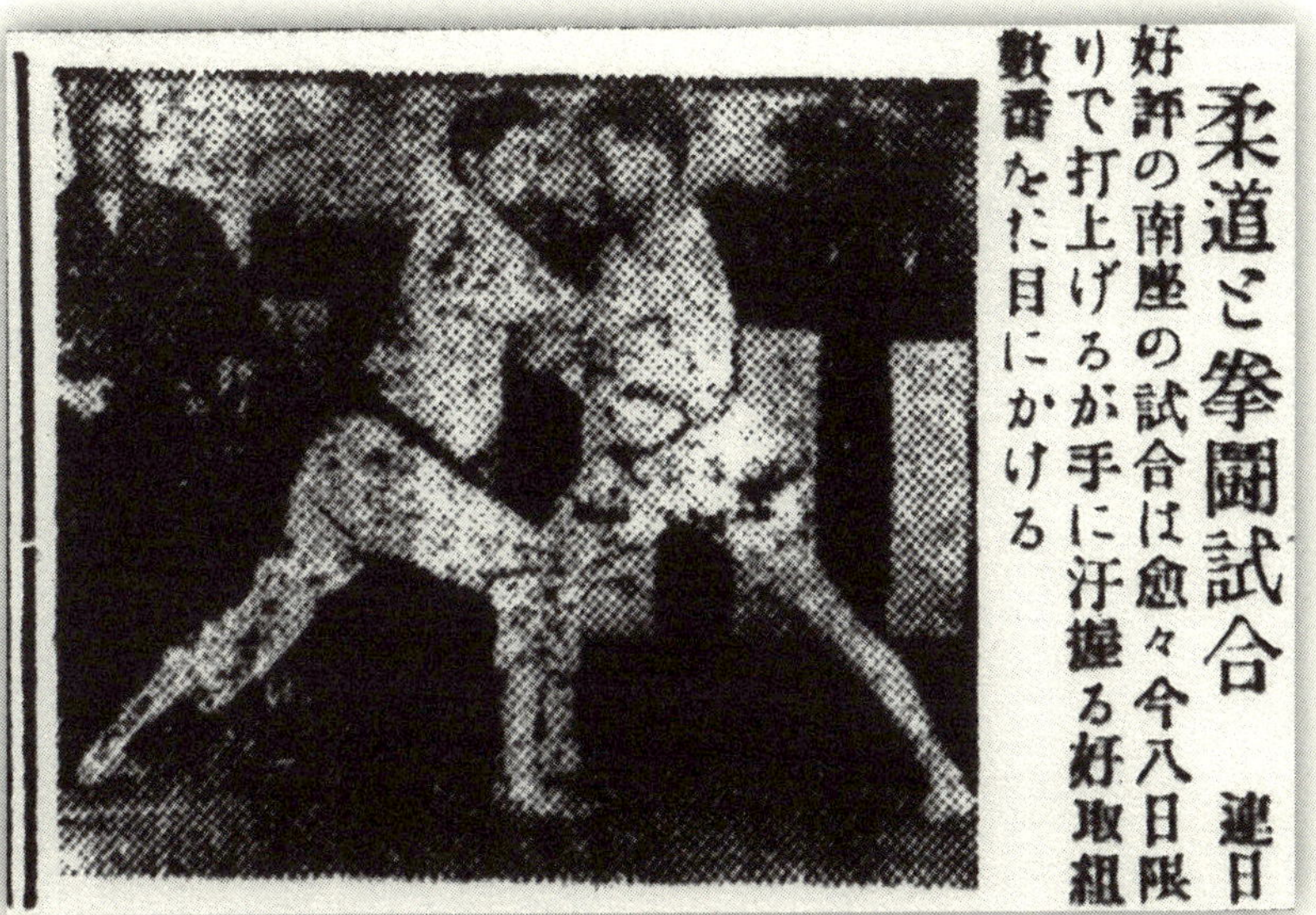

連日

柔道と拳闘試合

好評の南座の試合は愈々今八日限りで打上げるが手に汗握る好取組數番なた目にかける

図5：珍しい組み合った状態での写真。左の選手が素手で右の選手の帯を握り、膝下まである道着を着ているように見えるため、左が柔道選手かと思われる（京都日出新聞1923.4.8）

想像広がる歴史ロマン

しかしまったく違った見方も可能である。どの本部戦の伝承でも、本部が偶然、あるいは人に勧められて飛び入りした、とされている。しかし金城裕「拳豪・本部朝基　その実像を求めて」において金城氏は、沖縄では明治30年代に外国人によるボクシング興行が開催されており、当時30歳前後だった本部もそれを目にしていたであろうこと、それゆえ「**明治の若き日以来、ボクシングを如何にして倒すか、を永年周到に研究してきた本部朝基は、十分の成案をもって京都にやって来たものと想像**」（97頁）している。あのスラヴィンが横浜でボクシングマッチを開いたのが１９０２年（明治35年）である。それゆえ上海やフィリピンにより近い沖縄で外国人による興行が行われていたとしても不思議ではない。

さらに金城氏は「**本部朝基の技の到達点**」（98頁）とも言うべき入身が、「**沖縄原**(ママ)**伝統の「手」を基礎に、ボクシングを視野に入れて、本部流として昇華されたもの**」（98頁）であった可能性を指摘している。確かに、相手の機先を制して懐に飛び込む本部の入身は、ボクシングのインファイト・スタイルに似てなくもない。さらに言えば、本部の得意とした前手の肘のあたりに後手を添える構えは、ベアナックル時代の伝統的なボクシングの構えによく似ている。

沖縄唐手と伝統ボクシングが融合した「本部流」が、公衆の面前で近代ボクシングに打ち勝つ—なんとも歴史のロマンを感じさせる話である。

さらに歴史ロマンをもう一つ。「本部朝基先生・語録」によれば、本部氏が保土ヶ谷に住んでいたころ、横浜の**「なんとかいう有名な親分」**（48頁）の屋敷に呼ばれて唐手の話をし、大いに歓迎されたという。さらに話の流れで屋敷の隣の「拳闘の道場」でボクサーと戦うこととなったが、さすがは本部朝基、ボクサーを一撃で倒してしまい、それを見た親分はさらに喜んで大いに御馳走を振舞ったそうな。自宅にボクシングジムを持つ「親分」……まさか柔拳興行主催者・嘉納健治!? 京都で子飼いのボクサーを倒した本部に興味を覚え、彼が上京したのに合わせて何食わぬ顔で彼を誘いだし、その実力の程を試したのであろうか。

また『本部朝基正伝』収録の小沼保氏作成の年表（37頁）を見ると、1923年（大正12年）、本部53才の時に**「兵庫県御影警察にて唐手の試演」**とある。『キング』で名が知られる以前の本部が、なにゆえ「御影」の警察署に呼ばれたのであろうか。そういえば嘉納健治の実家はまさにこの御影にある。つい先日、京都の興行に現れた謎の唐手家の素性を突き止め、今度は自らの本拠地に招いて、その技を研究しようとしたのであろうか。いずれにせよ、当身に対抗しうる「武術としての柔道」を追求する嘉納健治にとっても、ボクサーを一撃で倒した本部は、大いに気になる存在だったのかもしれない。

と、歴史ロマンはこのへんで。残念ながら本部戦の真相はいまだ不明であるものの、本部とボクシング、そして柔拳興行には、意外なつながりがありそうである。さらに本部戦をきっかけに、本部の名が、そして唐手の知名度や武術性への信頼が高まったことを考えると、柔拳興行は唐手の本土普及にも重要な役割を果たした、とご納得していただくということにして、今回はここで筆を置きたいと思う。

文献一覧

書籍・論文等

◎阿川弘之『山本五十六（上）』新潮社（１９７１年）

◎郡司信夫『改定新版　ボクシング１００年』時事通信社（１９７６年）

◎藤田五郎『任侠百年史』笹倉出版社（１９８０年）

◎池本淳一「嘉納健治の「柔拳興行」と日本ボクシング史におけるその位置づけ」『体育学研究』59号No.2、５２９～６４７頁（２０１４年）

「現代武道における武術性再生の試みとその課題」武道・東アジア武術論研究会8月例会発表資料（２０１６年）

◎石川　輝『拳闘レコード』啓成社（１９３１年）

◎石井研堂『明治事物起源（７）』ちくま学芸文庫・筑摩書房（１９９７年）

◎伊藤経一『大正・昭和初期の浅草芸能』文芸社（２００２年）

◎伊藤松雄「安政の日米競技」森一編『黒船談叢』下田文化協会、85～87頁（１９４７年）

◎謝花清人「実戦空手の先駆者　武勇・本部朝基《モトブヌサールー》」『月刊　青い海』第8巻2号（通巻70号）青い海出版社、１０６～１１０頁（１９７８年）

◎木下東作「拳闘と柔道」『有効の活動』第六巻第三号、４～７頁（１９２０年）

◎嘉納治五郎「柔道に上中下三段の別あることを論ず」『柔道』第四巻第七号、２～７頁（１９１８年）

◎金城　裕　「サンテルとの試合に就いて」『有効の活動』第七巻第四号、2〜7頁（1921年）
「サンテル事件の結末」『有効の活動』第七巻第五号、2〜4頁（1921年）
『嘉納治五郎：私の生涯と柔道』日本図書センター（1997年）
「拳豪・本部朝基　その実像を求めて」月刊フルコンタクトKARATE10月号別冊『空手道全科』福昌堂、96〜98頁（2002年）
◎小島貞二『力道山以前の力道山たち：日本プロレス秘話』三一書房（1983年）
◎丸島隆雄『講道館柔道対プロレス初対決：大正十年・サンテル事件』島津書房（2006年）
◎升本匡彦『横浜ゲーテ座：明治・大正の西洋劇場』横浜市教育委員会（1978年）
◎本部直樹／池田守利「唐手家・本部朝基と拳闘家との試合について―大正年間の京都地方紙記事を中心とした考察―」『武道学研究』43巻Supplement号、13頁（2010年）
◎本部朝基『沖縄拳法唐手術　組手編』唐手術普及会（1926年）
◎長嶺将真『史実と口伝による沖縄の空手・角力名人伝』新人物往来社（1986年）
◎中嶋哲也「四帝大大会成立過程における「柔道のスポーツ化」論の出現とその歴史的意味：1918―1928年における学生柔道と講道館の関係に着目して」『体育学研究』59号No.2、721〜744頁（2014年）
◎小沼保編『本部朝基正伝：琉球拳法空手術達人』壮神社（1993年）
◎太田尚宏「使節ペリーへの贈答品と相撲取」徳川林政史研究所監修『江戸時代の古文書を読む―ペリー来航』東京堂出版、13〜43頁（2009年）

◎M.C.Perry 原著、木原悦子訳『ペリー提督日本遠征日記』小学館（1996年）
◎M.C.Perry 著、オフィス宮崎・編訳『ペリー艦隊日本遠征記　下』万来舎（2009年）
◎真田七三朗『拳闘のＡＢＣ』真田七三朗著書刊行会（1933年）
◎佐々木由治郎著・出版『大阪相撲：大日本』（1910年）
◎瀬川光行編『日本之名勝』史伝編纂所（1900年）
◎志々田文明「嘉納治五郎の柔道観とその展開」筑波大学体育研究科修士論文（1979年）
「A Judo that Incorporates Kendo：Jigoro Kano's Ideas and Their Theoretical Development」『Archives of Budo』第8巻4号、225~233頁（2012年）
◎下田辰雄『ボクシング見聞録』ベースボール・マガジン社（1982年）
◎竹田淺次郎『対拳式実戦的柔道試合法』大文館書店（1936年）
◎和田克己編・著『むかしの神戸：絵はがきに見る明治・大正・昭和初期』神戸新聞総合出版センター（1997年）
◎和田信義『香具師奥義書』文芸市場社（1929年）
◎山本　茂『ピストン堀口の風景』ベースボール・マガジン社（1988年）

資料集・年表・辞典等

◎広島県沼隈郡編纂『沼隈郡誌』先憂會（1923年）
◎岩手県姓氏歴史人物大辞典編纂委員会編著『岩手県姓氏歴史人物大辞典』角川書店（1998年）
◎国立劇場調査養成部芸能調査室・近代歌舞伎年表編纂室編『近代歌舞伎年表　京都編』八木書店、第7巻

（2001年）第8巻（2002年）
◎日本年鑑協会編『演劇年鑑』二松堂書店（1925年）
◎「温恭院殿御實紀」黒板勝美・國史大系編修會編輯『國史大系　第五十巻　續徳川實紀　第三篇』吉川弘文館（1966年）

写真・錦絵等

◎横浜開港資料館所蔵「力士力較（瓦版）」
◎横浜市中央図書館所蔵「亜墨利加人一覧相撲之図」「横浜角力の誉」「横浜誉勝負附」
◎神戸市文書館提供「初代聚楽館（大正2年）」「聚楽館（昭和初期）」「劇場櫛比せる湊川新開地の賑ひ」
◎筆者蔵「世界唯一強者ケンテル」（絵葉書）

ウェブサイト

◎「武士・本部朝基翁に「実戦談」を聴く」『本部流　日本傳流兵法本部拳法・本部御殿手』公式HP、https://www.motobu-ryu.org/、2017年11月25日閲覧
◎国立国会図書館『レファレンス共同データベース』管理番号・相-130015、http://crd.ndl.go.jp/reference/detail?page=ref_view&id=1000149662、2018年3月25日閲覧

新聞・雑誌資料等（［　］は参照した期間）……………………………………

◎『風俗画報』1909年6月・397号（13〜15頁）

◎『時事新報』［1902〜12年］、1902年1月4日・6日・19日・20日・31日／2月1日・9日・25日／3月2日・8日・13日・29日、1909年5月1日〜5日・12日・15日〜17日・19日、1911年10月10日・12日・13日〜17日／11月14日、1912年6月23日

◎『キング』大日本雄辯會講談社、1巻9号（196〜204頁、1925年）、第二巻二号（280頁、1926年）、第二巻十二号（268頁、1926年）

◎『神戸新聞』［1919〜30年］、1919年10月23日・25日・26日・28日・30日・31日、1920年1月31日／2月4日／5月22日・23日・25日・27日〜29日／8月11日・13日〜15日・17日・19日・20日／10月20日・21日・23日・26日・28日・29日・31日、1921年2月6日〜15日／4月30日／5月1日〜5日／11月3日・4日・6日、1922年7月7日〜15日／10月27日〜29日・31日、1923年3月6日〜10日／5月1日・3日〜5日／9月12日〜21日、1924年3月1日〜5日・13日〜20日／5月1日〜5日／6月18日・20〜23日・25日・26日／9月23日・25日〜28日、12月12日〜16日、1925年1月30日・31日／2月1日・2日・4日・5日／9月10日〜16日／12月25日・27日、1926年2月9日・11日〜13日・15日／7月31日／8月1日・3日・4日・6日、1927年8月14日〜21日、1928年9月21日〜23日・25日〜27日／11月4日・9日、1929年1月21日〜28日、1930年5月14日〜16日・18日

◎『神戸又新日報』［1919〜1930年］、1919年10月25日〜31日、1920年1月31日／2月1日〜5日／5月21日〜23日・25日・26日・28日〜31日／10月20日〜29日・31日、1921年2月6日〜15日／4

月30日／5月1日～6日／11月1日～5日、1922年7月7日～15日／10月26日～31日、1923年3月4日～10日／4月30日／5月1日～5日／9月11日～18日・20日・21日、1924年2月29日／3月1日～5日・14日～20日／4月29日・30日／5月1日～5日／6月17日～26日／9月22日～28日／12月12日～16日、1925年1月30日・31日／2月1日～5日／4月11日～15日／9月9日～16日、1926年2月9日・10日・12日～15日／8月1日～6日、1927年8月12日～14日・16日～21日、1928年11月4日・6日・9日、1929年1月22日～25日・27日、1930年5月14日

◎『京都日出新聞』［1920～23年］、1920年6月29日・30日／7月1日～7日／12月20日～26日、1921年8月28日～31日／9月1日～5日・7日、1922年6月28日～30日／7月3日～6日・27日・28日／8月1日～6日・29日～31日／9月1日・3日・5日／11月29日／12月10日、1923年3月29日～31日／4月1日～4日・6日～8日／7月9日・11日・12日・14日・15日・17日・18日／8月27日・29日～31日／9月1日～3日・9日～11日／10月18日～29日

◎『京都日日新聞』［1920～23年］、1921年8月30日、1922年6月28日～30日／7月1日・2日・4日・5日・7日／7月27日～30日／8月1日・3日・6日・8日・29日／9月2日～4日・6日／11月6日・8日～10日・16日・19日・21日・22日・26日～29日／12月2日・4日～6日・8日・11日、1923年3月29日／4月1日／7月7日・9日・10日・14日／8月23日・28日・30日／10月20日～24日

◎『毎日新聞』（横浜毎日新聞）1902年1月23日／2月1日／3月25日

◎『都新聞』［1921～31年］、1921年4月16日・17日・19日／7月1日～8日・10日／8月24日～26日、1924年6月13日・15日／7月11日・12日・28日～31日／8月2日・4日～10日／10月30日～31日／

11月1日・2日・4日・5日・19日～25日、1925年1月11日・13日～18日／6月20日・21日・23日・24日、1927年2月17日・18日・22日～27日、1930年8月1日～7日、1931年8月8日～10日

◎『沖縄朝日新聞』1925年6月27日

◎『大阪朝日新聞』1923年9月23日

◎『大阪朝日新聞・神戸附録／神戸版』〔1920～29年〕、1920年1月31日／2月1日・5日／5月22日～24日・27日～31日／8月11日～20日／10月21日～25日・27日～31日、1921年2月6日～8日・10日・12日～15日／4月30日／5月2日～6日／11月2日～6日、1922年7月7日～15日／10月27日～31日、1923年3月5日～10日／4月30日／5月1日～6日／9月21日・27日、1924年2月29日／3月1日～5日・14日・16日・17日／4月30日／5月1日～5日／6月18日～26日／9月22日～28日／12月12日～16日、1925年1月30日・31日／2月1日～5日／4月11日～13日・15日／9月10日・12日～15日、1926年2月10日・13日・14日、1927年7月23日・30日／11月10日／8月12日～16日・19日・21日、1928年9月21日～23日・25日・26日、1928年9月20日～23日・25日・27日／11月6日・7日・9日・10日・14日、1929年1月21日～28日

◎『大阪朝日新聞・京都附録』〔1920～23年〕、1920年6月28日～30日／7月1日・5日／12月20日～26日、1921年8月29日／9月1日・5日・8日・13日・14日、1922年7月1日・3日・6日／7月28日・31日／8月1日・3日・5日～7日・29日／9月1日・2日・6日／11月28日／12月7日～10日、1923年3月28日・29日／4月8日／7月7日・9日・10日・13日・16日／8月27日・29日～31日／9

月1日〜3日／10月17日・18日・20日〜25日

◎『大阪毎日新聞』［1919〜21年］、1919年12月16日、1920年12月6日、1921年1月25日

◎『東京朝日新聞』［1902〜25年］、1902年1月24日、1909年5月16日・19日・25日、1910年8月28日、1911年6月1日／10月2日・13日・14日／11月14日、1912年6月23日、1913年11月6日、1920年7月2日・4日／9月27日／10月17日／11月30日、1921年5月12日／7月1日・2日・4日・8日・11日、1924年5月31日／7月30日・31日／8月12日・17日／11月19日・22日・24日、1925年1月11日・15日／5月9日／7月26日・30日／8月2日

◎『東京日日新聞』1909年5月4日・5日・12日・15日・18日

◎『読売新聞』［1901〜31年］1901年12月21日、1902年1月30日／3月1日・13日・25日、1909年5月4日・15日・18日／6月7日、1910年8月27日、1911年10月8日・10日・12日・17日／11月14日、1920年9月21日・27日／10月11日、1921年3月1日／6月28日／7月11日・15日、1924年5月10日・17日／6月13日／7月29日／8月7日・12日、1925年1月11日／7月25日、1927年2月17日・18日・22日〜27日、1929年12月17日、1930年4月22日、1931年8月7日

おわりに

グレイシー・ショックを越えて—次の百年へ

いかがでしたでしょうか。本書では開国以来、百年以上にわたって繰り広げられてきた異種格闘技戦、特に柔拳試合の歴史をつぶさに見ていくことで、「伝統武術における異種格闘技戦の可能性と意義」について、私なりの回答を出してみました。そして私自身、本書を書き上げることで、ようやく次の「難問」にとりかかることができそうです。

そもそも私がグレイシーの登場に衝撃を受けたのは、「何でもアリ」なら伝統武術が最強である、という「伝統最強神話」を信じていたからでしょう。「何でもアリ」には徒手なら何でもアリをはじめ、武器アリ、戦場アリ、集団戦アリ、策略アリ……といったさまざまな「何でもアリ」がありますが、なんにせよ当時の私は伝統武術の存在価値を「強さ」のみに置いていました。そして伝統の技はすでに完成された「最強にして最高の技術体系」なのだから、これ以上改良する必要はなく、個人の創意工夫も単なる蛇足でしかない、修行者は他の格闘技・武術を比較研究するよりも、ただ先人の技を正確に再現することに腐心すべきである、といった「技術的保守主義」とでも言うべき信念も抱いていました。

しかしこの二つの信念は「何でもアリ」の試合の中で、日々進化する総合格闘技の姿を目の当たりにすることで、ゆらいでしまいました。一時はこの信念を取り戻すべく、自分なりの修行を積み重ねてみたものの……知力体力、そして若さも底を突いてしまいました。

それでも、40歳を迎えた私は、あの頃以上に伝統武術が好きです。そして今では年相応に、この素晴らしい技術と文化を次世代に伝えなければ、と考え始めるようになりました。しかしグレイシー・ショックを経た今、もはや「最強神話」や「保守主義」を、自信をもって次世代に語ることはできません。

さらにふと周りを見渡してみますと、どこの団体・道場も私のような「武術大好きおじさん」ばかりに……。少子高齢化に加え、数多くの楽しく魅力的な格闘技・スポーツがあふれる今、わざわざ伝統武術を選択する若者は稀です。今のうちに、さらなる伝統武術の魅力を発掘・発明しなければ、武術・武道はとても次の百年まで生き残れないでしょう。

しかし希望はあります。私たちが見ていた「伝統」は、そのほんの一部だったのかもしれません。たとえば日本の中国武術界は徒手中心ですが、中国武術そのものには長い歴史と多様な地域性に裏打ちされた豊富な武器術があります。これらはもはや社会的・法的な意味で「実戦」では使えませんが、だからこそ、それを先人の知恵と悠久の歴史を学ぶ「武術的な教養」と割り切りつつ、じっくりと楽しむこともできるはずです。

また中国南方や台湾では武術家による獅子舞や宋江陣（武器をもった行進と演武）、そして型の演武そのものが、お祭りやイベントを盛り上げる演目として重宝されています。この武術の娯楽的・舞踊的側面にも着目することで、武術が単なる個人的な趣味から、観光やまちづくりにも貢献する地域資源となるかもしれません。

さらに「おじさん武術家」としては、「最強」はとうの昔にあきらめたけれども、日々強くなるのはあきらめきれません。しかし仕事も家庭も持つ身となると、ガチンコの組手やスパーリングには二の足を踏んでしまいます。そこで型稽古や寸止め・マススパー中心の伝統武術を「歳を重ねても安全に強くなる」ために開発されたノウハウだと再評価することで、「中高年からの伝統武術」としてアピールすることもできるでしょう。

そしてこれらの新たな魅力の発見とともに、武術自体がもう一度、「現代に生きる伝統」としてリハビリテーション（再生・復興）していくことも重要でしょう。思えば開国後における伝統武術の危機の時代、日本の講道館や中国各地の精武体育会・国術館に集った先人たちも門戸を開いて交流・研究しあうことで、一方で近代社会にふさわしく、他方でより高度な技術体系を備えた多くの伝統門派を生み出していきました。今、まさに少子高齢化・人口減少という、静かながら確実な危機が訪れています。我々もまた先人たちの志を継ぎ、「現代版の伝統武術」を探求することで、次の百年に向けて動き出そうではありませんか。

……と、つらつらと書かせていただきましたが、なんにせよグレイシー・ショックを研究者として考え抜くことで伝統武術の新たな価値や魅力に気が付き、「危機の時代」に生きる伝統武術家としての役割や目標に思い至ることができました。本書が、伝統武術と格闘技を愛するみなさまに、それぞれの百年先を考えるためのヒントとなれば、望外の喜びです。

それでは、また。

◎本書は『月刊秘伝』2015年4月号〜2017年4月号に隔月連載された「明治大正 異種格闘決闘録―マーシャルアーツに挑んだ日本武道家たち」、及び2018年5月号に掲載された番外編をもとに加筆修正を行い、単行本化したものです。

謝辞

本書は多くの諸先生・諸先輩方の温かいご指導ご鞭撻あってのものです。それぞれ御礼申し上げたいところですが、紙面の都合もあり、以下、お名前のみ上げさせていただくことで謝辞とさせていただきます。

研究者の道を、そして研究者としての生きざまを示していただいた、厚東洋輔先生、小笠原眞先生、首藤明和先生、中村則弘先生、南裕子先生、志々田文明先生、大保木輝雄先生、リー・トンプソン先生、友添秀則先生、笠尾恭二先生。

この素晴らしい武術の世界に導いていただいた西好司先生、藪内正和先生、馬淵俊二先生、郭乃輝師父、谷川大先生、そして栗本さん・柴田さん・北井君・中村君・ほかすべての「武林之朋友」の面々。

「学術界と出版界の異種格闘技戦」という、またとない成長の機会を与えていただいた東口敏郎様、塩澤祐也様、五十嵐満則様、森口敦様ほかＢＡＢジャパンのみなさま。

そしていつまでも研究と武術に首ったけで、ふらふらと彷徨う私を忍耐強く支えてくれた妻・朱明艶、義父・朱敬偉、義母・李素芹、父・太栄、母・眞知子、姉・真紀。

今後とも、どうぞよろしくお願いいたします。

※本研究はJSPS科研費JP15H03067、JP 23402041の助成を受けた。

著者◎池本淳一　Junichi Ikemoto

松山大学人文学部社会学科・准教授。博士（人間科学、大阪大学）。専門は歴史社会学・比較社会学（中国／台湾）・地域社会学・武道史等。中国社会科学院（客員研究員）、大連外国語学院・蘭州理工大学（外国人招聘教師）、早稲田大学スポーツ科学学術院（助手・助教）を経て、2016年度より現職。社会学・歴史学の視点から、東アジア武術の比較研究やスポーツ・武道を通じたまちづくり・観光を研究。現在は24式太極拳と中国の武器術を修行中。

本文デザイン●和泉仁
装丁デザイン●やなかひでゆき

実録 柔道対拳闘《ボクシング》—投げるか、殴るか。

2018年5月10日　初版第1刷発行

著　者　池本淳一
発行者　東口敏郎
発行所　株式会社BABジャパン
〒151-0073 東京都渋谷区笹塚1-30-11　4・5F
TEL　03-3469-0135　FAX　03-3469-0162
URL http://www.bab.co.jp/
E-mail　shop@bab.co.jp
郵便振替 00140-7-116767
印刷・製本　中央精版印刷株式会社

ISBN978-4-8142-0126-6 C2075

BOOK Collection

初見良昭　武神館の秘法　**忍術教伝**　～武器術編～

人間技ではない!　それが"忍びの術"!　忍者ならではの多彩な武器法と体動!　修羅場をくぐり抜けてきた忍者武術のすべてを、豊富な写真とともに詳しく紹介!　世界の軍・警察関係者から信奉を集める"いま忍者"が体現する、本当に通用する武術がここにある!　■目次：武神館武道序説／第一章　玉虎流骨指術／第二章　六尺棒術／第三章　半棒術／第四章　仕込杖之術／第五章　槍術／第六章　薙刀術／第七章　長巻術／第八章　眉尖刀術／第九章　秘剣術

●『月刊秘伝』編集部　●A5判　●208頁　●本体1,600円+税

初見良昭　武神館の秘法　**忍術教伝**　～体術編～

体ひとつでできる!　それも"忍びの術"もはや、"無敵"。打つ!　蹴る!　投げる!　極める!　掴む!　あらゆる手段を使う、忍者ならではの徒手体術のすべてを、豊富な写真で詳解!世界の軍・警察関係者から信奉を集める"いま忍者"が体現する、本当に通用する武術がここにある!　■目次：前書き　武神館武道序説／第一章　基本八法／第二章　三心之型／第三章　神伝不動流打拳体術／第四章　高木楊心流柔体術／第五章　骨法術と体変術／第六章　破術／第七章　宝拳十六法／第八章　玉虎流骨指術／第九章　虎倒流骨法術／第十章　十手術と鉄扇術

●『月刊秘伝』編集部　●A5判　●176頁　●本体1,600円+税

忍者　現代（いま）に活きる口伝

～"忍び"のように生きたくなる本～

悩める現代人に贈る、「忍んでドでかい仕事をする」忍者的生き方のススメ!!　本当の忍者は何が優れていたのか?　忍耐力、情報収集力、人間関係構築法……そこには数多くの、現代に活きる知恵が隠されていた!　常識を覆し、目からウロコを落とされまくる超絶対談!!　目立つばかりが成功じゃない!　本物忍者と人気作家が対談!

●川上仁一、多田容子 著　●四六判　●208頁　●本体1,200円+税

日本刀が斬れる理由、美しい理由

～刀匠だけが知る秘密と、武道家だけが知る秘密～

刀匠であり武道家でもある者だけが知る秘密、教えます。隕石に含まれる鉄で作った隕鉄刀。持つと、不思議な気流を感じます。こんな不思議なものがこの世にある不思議!　世界最高峰の斬撃力!　世界最高峰の美しさ!　日本刀には、知られざる"理由"がある。

●松葉國正 著　●四六判　●180頁　●本体1,400円+税

今すぐできる!　**霊術講座**

身法と心法の簡単なコツで特殊能力を発揮

「霊術」とは、鎮魂法、帰神法、精神統一、霊的治療、気合術など、あらゆる不可思議な術のこと。このような能力の発揮は、古来より伝わる武術の核心でもあった。楽々とスプーンを曲げる、口中に火を入れる、多人数の力に勝つ、他者の動きを操作する、首絞めや突きに堪える等々、武術に使える、日常に活かせる、見る者を驚かせる、常識を超えた技が簡単なコツでできるようになる!

●大宮司朗 著　●四六判　●248頁　●本体1,500円+税

BOOK Collection

兵法の知恵で万事に勝つ!

武道的感性の高め方

理性偏重のこの時代に、武道は感性を提示する。本書では、武道文化が培ってきた感性=武道的感性を鍛えるさまざまな方法を実践的に解説する。同時に理論面も、心理学・占術・宗教学の豊富な知識とともに大胆に展開。世界の三大聖典（新旧聖書、易経、仏典）に潜む共通構造を明らかにしてそこから日本文化の使命を読み取り、あまつさえ運の本質や、日本の聖人・宮本武蔵の真意にまで切り込む。感性を通じて日本文化の真価に迫る、武道論を超えた武道論。

●柳川昌弘 著　●四六判　●208頁　●本体1,400円+税

脳の力が身を護る!

～思考力で窮地を脱する護身道メソッド～

“相手につかまれてる”→“相手は手がふさがってる”ちょっと発想を転換するだけで、あなたの活路は開けます!　脳が働かない人間は生き残れない!　スピードやパワーで乗り切れないピンチも、状況把握と正確な判断があれば打開できます。護身道はスポーツではありません。脳力開発です。

●時藤稔明 著　●A5判　●208頁　●本体1,400円+税

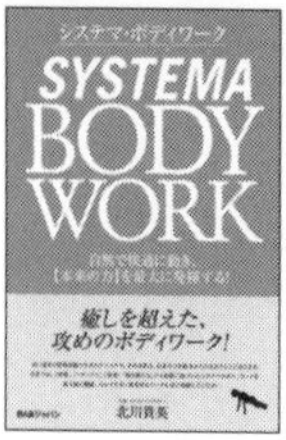

システマ・ボディワーク

自然で快適に動き、【本来の力】を最大に発揮する!

旧ソ連軍の特殊部隊で生まれたシステマ。その本質は、心身の力を根本から引き出すことにあります。本書では、システマを「ボディワーク」という側面から紹介。ですからナイフへの対処法やパンチの打ち方といったいわゆる軍隊格闘術らしい技術は一切登場しません。しかし、この上なく実戦的です。あらゆる技術はそれを下支えする身体を整えることによって、威力を発揮するからです。

●北川貴英 著　●四六判　●248頁　●本体1,400円+税

武術の「実践知」と「エナジー」を使いこなして

水のごとくあれ!

柔らかい心身で生きるための15の瞑想エクササイズ

水は優しくて力強い。個体にも気体にもなり、決まったカタチはなく、どんな容れものにも適応できる―。本書では、人間関係など日常の問題に武術の原理を適用し、水のごとく即妙に応じて生きるための考え方や、すぐにできる瞑想法、心掛けなどを紹介!武術の核心を逆輸入的に気づかせてくれる、アメリカ人武術家の名著『Be Like Water』の日本語版!

●ジョセフ・カルディロ 著／湯川進太郎 訳　●四六判　●264頁　●本体1,400円+税

考えるな、体にきけ!　新世紀身体操作論

本来誰もに備わっている“衰えない力”の作り方!

「胸骨操作」「ラセン」「体重移動」…アスリート、ダンサー、格闘家たちが教えを請う、身体操法の最先端!「日野理論」がついに初の書籍化!!　“自分はできてなかった”そこからすべてが始まる!　年老いても達人たり得る武術システムの不思議!　意識するほど“非合理”化する身体の不思議!　知られざる「身体の不思議」すべてを明らかにする!

●日野晃 著　●A5判　●208頁　●本体1,600円+税

BOOK Collection

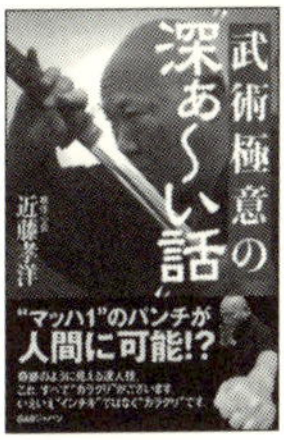

武術極意の深ぁ〜い話

"マッハ1"のパンチが人間に可能!? 唯一無二の面白さ! 誰も教えてくれなかった達人技のヒミツがわかる! 奇跡のように見える達人技。これ、すべて"カラクリ"がございます。いえいえ"インチキ"ではなく"カラクリ"です。信じられないような"達人技"を、読んだ事ない"達人テイスト"で解説! 剣術・合気・柔術・中国武術〜あらゆる武術極意のメカニズムがわかる!

●近藤孝洋 著 ●四六判 ●248頁 ●本体1,400円+税

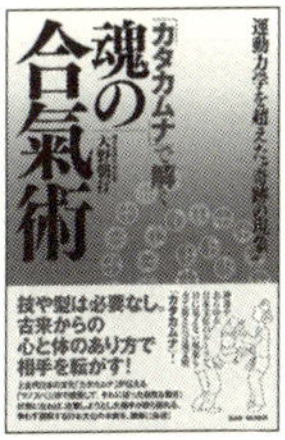

「カタカムナ」で解く魂の合氣術

〜運動力学を超えた"奇跡の現象"〜

「カタカムナ」とは、数万年前（上古代）の日本で発祥した文化。日本文化のルーツで、目に見えない現象も全て捉えた言魂文明。上古代日本の文化「カタカムナ」が伝える「マノスベ」（体で感受して、それに従った自然な動き）状態になれば、攻撃しようとした相手が自ら崩れる。争わず調和する日本文化の本質を、簡単に体現!

●大野朝行 著 ●四六判 ●188頁 ●本体1,400円+税

弓道と身体

〜カラダの"中"の使い方〜

「表面の筋力を使わずに"中"を使って力を起こす方法」、「止まっていても、いつでもどの方向へも動ける身体」、「全身くまなく意識を届かせる、"体内アンテナ"」常識練習ではなかなか届かない、こんな身体操法こそが欲しかった! 野球、サッカー、テニス、卓球、自転車…、剣道、柔道、空手、レスリング、ボクシング…、あらゆる運動能力をランク・アップさせる、あなたに必要な"極意"は、ここにあります!

●守屋達一郎 著 ●A5判 ●184頁 ●本体1,600円+税

めざめよカラダ! "骨絡調整術"

〜骨を連動させて、体の深部を動かす秘術〜

1人でも2人でも、誰でも簡単にできる! あっという間に身体不調を改善し、機能を高める、格闘家 平直行の新メソッド。骨を連動させて体の深部を動かす秘術、武術が生んだ身体根源改造法。生活環境の変化に身体能力が劣化した現代において、古武術より導き出した「骨絡調整術」を現代人にマッチさせ、その神髄をサムライメソッドとして収めた潜在力を引き出す革命的な身体調整法です。

●平直行 著 ●四六判 ●180頁 ●本体1,400円+税

カラダのすべてが動き出す! "筋絡調整術"

〜筋肉を連動させて、全身を一気に動かす秘術〜

なぜ、思うように動けないのか? なぜ、慢性不調がいつまでも治らないのか? それは、現代環境が便利になりすぎたゆえに"動物本来の動き"が失われたからなのだ!! "現代人がやらなくなった動き"この本の中に、それがある! 自分一人でできる! 全身を繋げて運動機能を高め、身体不調を改善する、格闘家平直行の新メソッド!

●平直行 著 ●四六判 ●192頁 ●本体1,400円+税